유형, 유형들

김사리 시집

현대시에서 펴낸 김사리의 시집

파이데이 (현대시 기획선 27, 2019)

시인의 말

한 줄기 빛이 있다면

그것이 당신의 이마에 닿기를

2025년 겨울

김사리

차례

● 시인의 말

제1부 공생

거미 씨의 생존법 ─── 10
검은 입천장 ─── 11
데스리뷰 ─── 14
아프리카의 휴일 ─── 16
자신을 소모품이라 생각하는 사람이 버스를 타고 간다
─── 18
COPY ─── 20
긴 호흡 ─── 22
토끼와 바나나 ─── 26
뱅갈고무나무 죽이기 ─── 28
동물원에 사는 마음 ─── 30
데크레셴도 ─── 32
오늘의 화법 ─── 34
바다미술관 ─── 36
우리들 ─── 39

제2부 우리들의 관계

주검의 자세 ─────── 42
요리의 품격 ─────── 45
불편한 요일의 상점 ─────── 48
중동이라 쓰고 충돌이라 읽는 충동 가능성 ─────── 50
궁지에 몰린 생쥐 ─────── 54
웬 문이 이리도 많은지 ─────── 56
갈대와 억새의 차이 ─────── 60
쿠키는 구름 맛 ─────── 62
테이블야자 ─────── 65
캐릭터 ─────── 68
모자의 화풍 ─────── 70
유형, 유형들 ─────── 74
알비노를 위한 변명 ─────── 76
두꺼운 책 ─────── 78
오토바이보다 더 높이 날아오른 전사 ─────── 81

제3부 반성적 자아

유리병에 빠진 꿀벌 ──── 86

뼈의 재구성 ──── 88

투명기법 ──── 90

수상한 웃음 ──── 91

찢어진 우산 ──── 94

식빵과 스티로폼 사이 ──── 96

블랙 ──── 99

주크박스 ──── 102

크레용, 크레용 ──── 104

카스트라토 ──── 106

맨발의 오월이 ──── 108

길 위의 장례식 ──── 110

제4부 꿈꾸는 자의 몸부림

세잔 ——— 112

복선 ——— 114

불면역 ——— 116

렌즈 속으로 ——— 118

당신의 선택권 ——— 120

이글루에는 정육각형 눈의 결정이 자라고 ——— 122

덜 아픈 사람 ——— 125

슬픔의 무게 ——— 128

내일을 연주해 주세요 ——— 130

사랑에 대한 예의 ——— 132

한 사람이 온다 ——— 134

자작나무숲 ——— 136

우는 사람 ——— 137

엔딩 크레딧 ——— 138

▨ 김사리의 시세계 | 최은묵 ——— 140

제1부
공생

거미 씨의 생존법

　걸려들면 꼼짝없이 멈춰서야 하지요 거미 상가, 거미매장, 거미 좌판, 거미의 입장에선 유쾌한 거리겠지만, 시장 바닥은 바닥을 잘게 쪼개면서 이해해야 합니다 시장 골목은 보이지 않는 실금들, 오늘을 준비하는 아침은 각각 18파운드씩 도려낸 살을 갈고리에 걸어 공중을 흔듭니다 순결한 피가 고인 허공, 핏방울을 탐닉하는 취향, 시장의 모든 알람은 은전 세 닢의 욕망이 들어 있습니다 시장 골목에 불빛 하나가 던져지면 날벌레들은 목숨 걸고 달라붙습니다 버둥거리듯 걷는 거미 씨 발바닥에는 발자국이 없고, 벌레를 쫓던 상인의 손바닥에는 지문이 없습니다 맨발로 지갑 속을 걷는 사람들의 증세가 거미줄에 걸려 버둥거립니다 거미 씨의 얼굴을 차례차례 그려 나가면 언젠간 공중에 매달릴 한 얼굴이 떠오릅니다 눈에 보이지 않는 거울을 닦고 또 닦는, 시장 좁은 골목에서 먹이를 노리는 거미 씨를 만납니다 생계는 전염되는 질병, 저 거미줄을 비켜갈까 말까 생각 중입니다

검은 입천장

통로를 걸어간다

복도는 현재
문 안은 어제
현관문이 열리면 내일을 알 수 있을까?

문 사이로 나온 손이 문 안으로 사라지면
복도는 점점 길어진다

바닥에는 특식이 놓여 있죠
김치찌개 냄새가 나를 앞질러 가고
따라잡는 발소리에 쫓기듯 걸어가면
매일매일의 복도가 나타난다

복도에는 과거를 박차고 나온 현재의 나들

"여러분의 입학을 축하합니다."

1호 독자, 2호 독자
구독자를 기다리는 문 앞에 놓인 책처럼
바닥으로 가라앉는 이 기분

내일은 내일의 독자가
모레는 모레의 독자가

날마다 입학하는 독자들이 현관문을 읽으며 서 있다

다음 호를 기다리며 문밖으로 손을 내미는 독자도
복도의 감정을 읽을 수 있을까?

물 내리는 소리
개 짖는 소리에
여행자의 기분에 젖다가도
문득 머릿속이 백지장처럼 하얘지는,

복도가 되기 위해

수많은 계단을 밟고 오르내리고
괜찮은 복도가 되기 위해
엘리베이터는 늘 대기하고 있는데,

복도는 제외되고
복도는 복도를 무시하고
엎질러진 콜라처럼 복도는 끈적거리고

비상구에선 울리는 목소리로
누군가는 대화를 나누고
누군가는 커피믹스를 마시고

껌처럼 입천장에 달라붙은 밤이 입을 꾹 다문,

복도는 늘 외롭다

데스리뷰

베이비박스에 버려진
아기가 울 때마다 비도 따라 울었다

화장실 문을 잠근 엄마는 손톱을 깨물었고
울음을 지운 아빠는 또 다른 울음을 찾아 떠돌았다

폭풍우 치는 언덕을 빠져나오기 위해
폭풍처럼 성장한 아이는
내내 지붕을 찾아 헤매다녔다

울음이 바람막이가 된 아이는
봄이 와도 녹지 않는
단단한 설움을 굴려 눈사람을 만들었다

눈사람을 지워버린 하늘과 땅은
지붕이 되지 못한 기억마저 지워버렸다

태어나서 한 번

성인이 되어 또 한 번
버려진 눈사람이 안길 품은 어디에도 없었다

따뜻한 품이 되어줄 옥상으로 올라갔다.

심장을 데우는 빛이 꺼지자
아이는 단번에 차가운 눈으로 흩날렸다

더 이상 집도 지붕도 필요 없는
창밖으로 아이는 천천히 녹아내렸다

밤이 깊도록 눈은 그치지 않았다

아프리카의 휴일

오아시스를 만날 수만 있다면
사막이 숲으로 변할 수만 있다면
휴일은 사라져도 괜찮겠다

물동이를 짊어지고 향토길을 걷는다
금 간 주말을 접착제로 붙여가며
온몸이 젖어야 사는 사람처럼 쉬지 않고 걷는다

평일, 평일, 평일이 겹쳐서
평생 휴일이 부러운 나는 젖은 신문지
팔을 걷어붙이고 물동이마다 비를 받아 모은다

물의 기분을 알지 못하는 저녁은
펼쳐진 적 없는 우산
새장 속 새를 닮은,

비를 걸어 잠근 발걸음은
공휴일이 없는 일주일처럼 무겁다

발이 부르트도록
황토물을 길어온 아이에게
목마름은 차라리 진흙으로 만든 쿠키

날개가 뜯겨나간 새가
버스 승강장에서 멀어지는 장면을
물끄러미 지켜본다

아무도 찾지 않는 휴일은 어떤 맛일까

아침부터 저녁까지
깔때기로 걸러낸 요일을 마신다

손바닥으로 비를 가린 맨발의 아이가
천막집으로 뛰어간다

자신을 소모품이라 생각하는 사람이 버스를 타고 간다

나는 한정품일까 기획품일까

숨을 갉아먹으며 조금씩 키가 작아지는 동안
평생 내쉴 숨이 수면 아래로 잠긴다

벨루가 루이*의 등에 타고
7미터 사각 수족관을 헤엄친다
폐사할 수밖에 없는 감옥
숨 쉴 수 없는 나날들

마스크는 소모품일까 족쇄일까
쉽게 끝날 수 없는 싸움

벽난로는 늘어나고
버튼 하나 추가하면 활활, 불꽃의 세계가 타오르고
만년설은 녹아내리고…

소리 없이 사라지는 것을 모두 소모품이라 부른다면

건전지와 나는 같은 종이 된다

나는 플러스일까 마이너스일까
아니면 둘 사이를 오가는 자기장일까

배터리를 교체할 나의 사랑은 얼마큼 남은 걸까

루이를 추모합니다
한화빌딩 앞, 동물보호단체의 시위가 한창이다

누군가 소모품이 되는 순간
받쳐놓은 의자의 다리 하나를 뺀다

우회도로에서 차들이 시끄러운 소리를 내며 지나가고 있다

* 작은 고래의 일종, 흰 돌고래의 이름.

COPY

너무 오래 켜져 있었나 봅니다
눈 밑이 꺼멓게 변해가고 있어요

이미 익어버린 생각과 굽고 있는 자막까지
기억할 필요는 없었는데,

산더미같이 쌓인 뿌리를 들춰보면
나와 당신에게 길들여진 어둠이
결국 서로를 굽고 있더군요

장딴지에서 퍼런 실지렁이가
꿈틀거리며 튀어나와요

숨통을 조여 오는
브래지어 호크를 열어젖히고
업무에 지친 몸은 복사기 아래 곧게 누이세요

구워낸 글자들이 자꾸 떠오른다고요

눈 질끈 감고 외면하십시오

어디가 가장 불편합니까?
그럼 제일 무거운 희망부터 벗어 던지세요

헛된 기대도 중독의 일종
다만, 그뿐입니다

자, 이제 지긋지긋한 불빛을 한 번 더 쏘아줄게요

천정에서 시커먼 비가 새긴 하지만
침대는 여전히 포근해요

구름을 베고 누우면 꿈은 이미
시연할 준비를 끝마쳤답니다
머나먼 아이슬란드로 날아갈 일만 남았군요

이제부터 당신은 긴 휴식입니다

긴 호흡

구멍 속을 들여다본다
열쇠 구멍은 들여다보기 좋은 구조
모든 비밀은 구멍 밖으로 새어 나온다네

구멍은 진실일까 거짓일까

구멍 속으로 숨을 불어넣다가
구멍이 먹먹해진 사람이 절뚝거리며 걷고 있다

구멍이 아프기 시작하면
구멍 속에 살던 모든 질병이
또 다른 구멍 속을 파고든다는데,

구멍은 질주하고
구멍이 너무 많아 지팡이 든 노인은
노을 속으로 천천히 걸어가고 있는데,

구멍을 오래 맴돌던 사람은

자주 심호흡을 한다는데,

구멍 속에는 열쇠가 없다
그렇다면 입속에는 비밀이 없는 걸까

구멍은 왜 터널처럼
발걸음 소리를 텅텅 울리는 걸까

그러므로 구멍은
참을 수 없는 말의 무덤

실어증에 걸린 구멍이
도무지 소통 안 되는 구멍으로 손을 휘저어
잃어버린 열쇠를 찾고 있다

밖으로 새어 나올 때 비밀은 제일 신나지
구멍을 빠져나오는 것이 한평생이라 한다면,
지금은 한 여름밤을 꾸고 있는지도 몰라

가장 극적인 슬픔조차
지루하고 긴 여름밤의 한 장면에 불과하다면,
평생은 한달음에 지나고 말
순간들

구멍 속으로 들여다본 것도
그토록 집착했던 일들도
모두 구멍 속의 일
결국 평생은 긴 호흡이었던 거야

덜컹거리는 기차를 타고
너의 꽃잎을 지나가고
사랑이 별처럼 커졌다가 사그라들고
기차는 시끄러운 소리를 내며
구멍 속으로 소리마저 걸어가 버리고 말겠지

무릎을 꿇고 구멍 속을 들여다보면

별이 빛나는 밤
누군가 열쇠 구멍 모양으로 웅크리고 앉아
숨 그네를 타고 있다

제 구멍 속에 꾸욱 눌러놓고
끝까지 중력을 잃지 않았던 구멍들이
그네를 밀고 당기고 있다

수위 조절에 실패한 별들이
강물 위로 덧없이 떠내려가는 밤

저물녘, 온몸이 구멍인 사람이
구멍을 잠글 열쇠를 찾아 헤매고 있다

토끼와 바나나

바나나를 심는다
당신은 오지 않고 바나나가 자란다

포포나무보다 커진 바나나 나무
노란 바나나가 될 때까지

오십 분 길어진 바나나
검버섯이 짙어지면 바나나는 시든 걸까
뒷주머니에서 꺼낸 말이 벌 떼처럼 잉잉거린다

틴독, 모라도, 캐번디시, 애플 바나나…

지름길로 내달리는 바나나
귀를 당겨 잡는다
앉은걸음으로 운동장을 세 바퀴 돌면 바나나는 토끼가 될까
토끼와 함께 우주학 강의를 듣는다

책상 위에 공책
공책 위에 뛰어다니는 토끼

빗방울을 흉내 내며 걷는다

질척거리는 바닥,
토끼는 어디로 사라졌는가

한 송이, 두 송이, 세 송이…

비구름처럼 커진 토끼
바나나 속에는 목소리를 흉내 내는 토끼가 산다

뱅갈고무나무 죽이기

　기어코 분갈이를 한다 말라버린 잎과 웃자란 가지는 과감하게 잘라낸다 잔뿌리는 최대한 건들지 말아야지 입이 없는 식물에게 대놓고 험담하는 건 치명적이다 뭉친 흙은 살살 풀어서 달래주어야 한다 화분 속에 있던 메마른 감정은 털어내고 촉촉하고 부드러운 감정으로 채워 넣어야 한다 사랑도 방심하면 안 된다는 걸 뿌리를 보면 알 수 있다 건조할 겨를이 없으면 뿌리는 썩어버린다 손이 닿기만 해도 우수수 떨어지는 잎은 사랑의 부작용이다 오래 보고도 여전히 너를 읽지 못하는 난독증이 나를 괴롭힌다 시행착오는 날마다 흐림이다 목마를 때 단비라도 내리면 관계는 한결 수월해질 텐데 꼭 필요할 때 비는 오지 않는다 숨 쉴 수 있는 장소를 찾아 너는 떠나간다 아직 헤어질 준비를 못한 표정은 눅눅하다 속에만 넣어둔 따뜻한 말 한마디 결국 나는 너의 슬픈 장소였구나 의무감에 짓눌린 관계는 죄가 된다는 것을 뒤늦게 알아챈다

　뿌리가 썩은 사랑은 쉽게 복원되지 않는다
　피를 흘리면 고운 진흙이 될 수 있을까

하지만 끝나지 않는 마지막 연극
열리지 않는 문 앞에 다시 선다
뱅갈고무나무가 죽어간다

동물원에 사는 마음

입구에는 각양각색의 동물들이 줄을 늘어서 있지
오리는 꽥꽥거리며 세안을 하고 분주한 마음이 옷을 갈아입지
얼굴을 공중에 띄우는 것으로 시작되는 사자의 아침

"어디 다가오기만 해 봐"
입맛을 다시는,
사자

아기 캥거루는 어미의 머리를 주머니 속으로 집어넣는 마마보이

탕! 탕! 탕!
본격적인 정글의 시작을 알리는 총성을
어린 캥거루는 알아들을 리 없지

제일 먼저 눈물을 장착한 악어처럼
타조가 흙먼지를 일으키며 달리기 시작한다

웅덩이를 빠져나오다 미끄러지면서도
커다란 입을 닫지 않은 펠리컨은
입속으로 굴리는 말이 있다

가을 햇살 아래 껍질을 벌리는 밤톨처럼
야성은 야생으로 굴러와 떨어지고,
우리 밖으로 한꺼번에 동물들이 쏟아져 나올 뻔,
실제로 그런 일은 일어나지 않고,

목구멍을 조이며 양들이 침묵 대신 털갈이를 서두를 때
홍학은 비명을 내지르며
황혼 같은 노을빛이 되기에는 아직 이른 시간

술렁이는 깃털을 다잡으며
나는 아직 동물원을 키우는 중이다

온갖 짐승들이 입구에 서 있다

데크레셴도

여든여덟 개의 방을 가진
나는 피아노

누구도 거들떠보지 않지만
해안선을 무대처럼 떠도는
나는 거친 프리마돈나

물의 손가락이 반음 높은 물결을 출렁이면
목소리를 잃은 성대는 엇박자

낡은 악기 속에 가둔 음 이탈 난 목소리로
구멍 숭숭한 노래를 부른다

쿵, 해머가 떨어져 나가고
쿵, 지렛대가 끊어지고
관절 마디마디가 쑤시고 저려온다

쾅… 쾅……

페달이 분리된다

테누토는 참아왔던 울음을 한꺼번에 쏟아낸다
몸이 익사체처럼 떠오른다

여리게, 점점 여리게
현을 감아쥔다

여든여덟 개의 목소리를 다시 조율하며
물너울 위에 낮은음자리표를 그려넣는다

느리게, 점점 느리게

해체된 선율 밖에서 물새가 숨을 몰아쉰다

ㄹㅅㅍ●미⋯레도●●시-⋯-- ㄹ ∀ ㅋ¿●●솔⋯

오늘의 화법

안녕?
밥은 먹었니?

꽃가루를 묻힌 가벼운 인사가
너와 나 사이를 밀고 당긴다

날개는 꽃의 바깥
곡선은 나비의 대화법

이쪽 날개로 저쪽 허공을 끌어당기며
나비에 갇히지 않기 위해
서랍 깊숙이 새의 지저귐을 넣어둔다

소통은 쉼 없는 날갯짓
증식하는 소리에 홀린 여름이 날개를 수리한다

슬픔을 길들이는 또 다른 방식은
바람의 혀를 잘라 오르골에 감아두는 것

울음을 장착한 매미가 여름도서관에서 상주하면,
나무는 초록 날개를 퍼덕이며 그늘을 넓혀나간다

안주하는 것은 자신을 주저앉히는 것

매미의 허물은 아프락사스
울음에 갇히지 않기 위해 투명한 옷을 벗어 던진다

젊음에 갇히지 않기 위해 흰 머리칼이 자라듯
태풍이 진로를 변경하듯
벼랑 끝에서 팔을 벌려 번지점프를 한다

꽃 진 자리, 날개는 돋아날까?

너에게 다가가 팔을 흔들며,

안녕?
그래, 안녕?

바다미술관

선상 전람회가 열리는 오늘,
거북손처럼 다닥다닥 붙은 수많은 불빛이
해안 절벽을 오르고 있네요

액자 속 그림이 되어 파도타기 해 봤나요?
절벽에 올라가 번지점프 한번 해 볼까요?

숨이 혀끝까지 차오르면
심박수를 한 옥타브 더 높여야 한다네요

작은 움직임에서 시작되는 붓 터치는
흔들릴 수 없는 것을 찾아가며
고인 물을 흐르게 하고,

파도에 튕겨 그림 밖으로 밀려 나온 당신과 나는
마침내 서로 마주 보는 사이가 되죠

원근법 따윈 별것 아니더군요

건반과 건반 사이 변할 수 없는 간격이 있듯
나와 나 사이에도 거리는 필요한 법이죠

한 발짝 앞이거나
두 발짝 뒤이거나
미술관은 알면서도 모르는 척
인파가 몰려올 때까지 기다리기로 했어요

나는 손가락을 꼽으며
하나, 둘, 셋……
물감 냄새로 말라붙은 물 위에서
흔들의자처럼 삐걱거려요

안도의 한숨이
비틀거리며 몰려오고 있어요

뱃전은 몇 옥타브 파도인지 몰라
한쪽 귀를 수면 아래 바짝 붙이고

바다를 듣습니다

젖어 펼칠 수 없는 당신
그리고 나는,

심해는 잘 들리나요?

우리들

 다음 역을 알리는 안내 방송이 귀를 당겼다 놓는다. 덜컥거리는 열차 소리는 경과음일 뿐 자리에 앉는 법이 없다. 목적지에 도착할 때까지 자성이 강한 시간은 의자에 묶어 두어야 한다. 귀에 꽂힌 음악은 귓속을 간지럽히는 애인. 자, 이제부터 우리는 각자의 무료한 혈육이 되자. 군중은 내가 가진 묵음을 나눠 가진 자. 혼자 나누는 대화는 들키지 않아서 좋다. 음 소거된 액정 속으로 지구는 다시 자전을 시작한다. 출근의 고독만큼 주머니의 부피가 볼록해진다. 깜박 밀려든 파도에 졸음을 맡겨 보지만, 잠을 흔드는 음악은 지하 통로 저만치 달아나고, 너를 모르고 나를 모르는 우리는 히키코모리. 타인으로 환대받을 가능성은 목적지에 닿는 순간 해체된다. 몸에 걸친 혈육을 놓치지 않을 때 하차는 완성된다. 이 구간의 사람들은 사물, 그 이상도 이하도 아닌 장면에서 뿔뿔이 흩어진다.

제2부
우리들의 관계

주검의 자세

통나무 관 속에는
여태 울음을 버리지 못한 인골이
무릎을 구부리고 있다

깨진 접시를 붙이면
생사의 빈자리도 봉분처럼 볼록해질까

통형굽다리접시는
수천 조각의 뼈를 맞춘 후에야 비로소
죽음 바깥으로 빠져나온다

솜털 보송하던 어제와
뼈만 앙상한 오늘을 품어 안은
긴목항아리의 목구멍에는
목보다 긴 정적이 걸려 있다

뼈와 뼈가 부딪히자
인기척에 놀란 눈빛 하나

꺾인 허리를 펴고 저고리 앞섶을 여미고 있다

굽은옥 귀걸이가 딸랑거리자
볼 언저리부터 복숭앗빛이 차오른다

긴목항아리를 가슴에 안고
애기구지봉 쪽으로 걸어 나오는 여자

억새가 쓰러지는 평야를 굽어보며
지금 어떤 구릉을 지나고 있을까

손이 자라기도 전에
전시실 문은 닫히고,

책상 앞에는 지친 여자가
산더미처럼 쌓인 업무를 처리하고 있다

퇴근 시간은 멀기만 한데

순장된 여자가
뭉친 어깨를 툭 치고 지나간다

뒤돌아보면
아무도 없는 텅 빈 사무실

밖에는 리을 자로 구부린 대한大寒이
저승사자처럼 버티고 있다

요리의 품격

어떤 접시에 담아야 할까

작고 오목한 접시를 꺼내 들다가
크고 넓적한 접시로 바꾼다

일품요리는 맛 내기 쉽지 않은 일
버터를 바르다 말고 참기름을 꺼낸다

어, 어…
마이크 시험 중, 마이크 수리 중

저마다 접시를 하나씩 들고 입장한다
탁자 위에는
수건이 덮인 접시가 다섯 개

모두의 입맛에 맞으려나

불러봐도 꾀꼬리는 없고

낙지도 오징어도 문어도 아닌 무언가가
접시 위에서 데구루루 구른다

취향은 다를 수 있으니 염려하지는 마!

고깔모자는 모던하다
홍옥은 발칙하고
칼질한 부츠는 이목을 끈다

접시 위에다 부츠라니
걱정까지 올려놓는 건 좀 심하지 않나

조미료를 치지 않은,
늘 주요리가 문제다

얼마나 더 숙성시켜야 제맛이 날까
칼질한 너덜너덜해진 재료로
백지를 온전히 채울 수 있을까

빛과 어둠을 버무린 깊은 맛을 내려면
쥐구멍이라도 들락거려야 한다

젊게, 낯설게
흥미에 진정성까지 가미된 비법은
팔을 뻗어 좀 더 비틀어야 한다

해시태그를 치려다 말고
되레 요리저장소에 던져둔다

깨진 접시도 품격은 있다

불편한 요일의 상점

반갑습니다
어서 오십시오

나는 행인을 향해 두 팔을 펄럭인다

오늘은 왠지 춤출 기분이 아니야
하지만 뒤로 넘어져도 기필코 일어서고야 말지

구십 도로 허리를 꺾는 순간도
오로지 춤
몸을 일으켜 세운 나는
바람과 공생의 관계

근무지와 화장실의 거리만큼 먼
주머니 사정
척추뼈에 각인된 궁색한 시간은
당분간 잊어야 하네

웃음을 파는 상점 앞,
기대에 부푼 구름들 우르르 몰려다니고,

종일 서 있어 하지정맥이 도드라져도
상점은 본체만체

이제는 우리가 헤어져야 할 시간

노랫소리 울려 퍼지면
서둘러 스위치를 꺼야 하네

몸을 빵빵하게 부풀린 바람 사이로
불빛이 사그라지는 풍등처럼
나는 꼬꾸라지는 춤이 될 테야

중동이라 쓰고 충돌이라 읽는 충동 가능성

우린 부딪힌 적이 많습니다

이마에 혹이 나도록
몸에 멍이 들도록
피부가 패도록

문제 될 줄 알았다면
부딪히진 않았겠죠

서로에게 투명 인간이 된 우리가
좋아질 확률은 희박합니다

상처는 상처일 뿐이라지만
충돌 대신 외면을 선택합니다

비겁하다 수군대도 어쩔 수 없네요
애틋함이란 사라진 경우의 수

시간은 상처를 낫게 할 연고라는 말에 공감합니다

멀어질수록 좋아질 확률은 높아집니다
일테면 여름이 성장해서
이파리로 죄다 덮어버리는 거죠

당신만 모르는 당신의 비밀은
말하자면
어조나 뉘앙스 조절에 실패한 목소리입니다

한때 당신은
스파이더맨보다 끈끈한 목소리로 내게 다가왔습니다
다른 느낌이 되는 건 순식간,

감정이란 미모사 이파리의 흔들림과도 같은 것

돌발 가능성은 롤러코스터
밀고 당기는 스킬은 묘미

낮게/부드럽게/따뜻하게/달달하게/
밀어붙여 보세요

경험치는 중요하지 않습니다
충돌할 때 확산할 조짐은 우연

우연이라고 다 같은 우연이 아닙니다
나를 조종했던 판결문은 무죄
탕탕탕!!!

로시난테를 타고 가는 돈키호테와 충돌했고
그의 기사도 정신에 반해 둘시네아가 되어버린,

그땐 그랬습니다
밀도가 떨어진 당김은 무력합니다

기회는 지금,

목소리에 버터라도 바르고
속삭여 볼까요

성공 확률은 낮지만 가능성은 충분합니다
단, 데이트폭력은 사양합니다

책을 펼치면 취향은 독특합니다

너도 모르고
나도 모르는
중동=충동⇒충돌로 드러나는 법이죠

틀을 깨면 새로운 틀이 나오고,

궁지에 몰린 생쥐

털이 쭈뼛 서지
코너 혹은 막다른 골목에서
고양이보다 덩치 큰 생쥐가 되는 순식간

고양이와 숨통을 쥔 생쥐는
갑과 을
관계의 아이러니를 즐기는 웃긴 족속

성냥갑을 열고 들어가거나 나오거나
패를 뒤집는 것을 습관처럼 여기지

을을 갑보다 다행으로 여기는 생쥐는
세상에 널리고 널린 고양이를
성냥갑 취급할 수 있는 여유가 생긴 거야

절체절명의 궁지는 반전
쥐꼬리만도 못한 게 돈이라고 우습게 보는
오기마저 생기게 된 거야

세상을 뒤집을만한 패를 펼치다가
인간을 집사로 둔 고양이의 상상 속을
뒤지는 중이야
극지를 둥둥 떠다니는 구름이 된 기분이랄까

언젠가는 터진 말풍선 밑에서 벼락을 맞은 적도 있지만,
그까짓 것 해프닝쯤으로 넘겨버린
허풍선이 되기도 하지

몸집보다 배포가 큰 생쥐는 각성 되는 거야

수세에 몰려도 두더지처럼 달아날 구멍을 찔러보며
될 대로 되라는 식으로
껄껄껄 웃으며
궁지를 긍지로 만드는 거야

역사는 이렇게 시작되는 거야
털이 쭈뼛 서는 순식간,

웬 문이 이리도 많은지

블루문, 허니문, 블러드문, 미니문……

깜깜한 방안에서 두 다리를 펴고 둥글게 모여 앉는다
누군가 문을 툭툭 찬다

얇은 커튼을 친 문을 하나씩 열어젖히며
옷을 벗어 던지는 게임을 한다

밤의 들숨과 날숨이 깊어진다
수밀도 같은 허니문이 한발씩 다가온다

우리 집에 왜 왔니 왜 왔니 왜 왔니
꽃을 찾아왔단다 왔단다 왔단다

해수면이 상승한다

달이 가장 둥글어지는 시간
익은 달빛 가루 솔솔 뿌리면 블루문과 미니문이 겹치고,

엘니뇨는 라니냐와 함께 달맞이 언덕으로 올라간다

해수면이 하강한다

핼러윈 축제일에는 문 앞 호박 마차가 달리기 시작하고,
영혼 없는 마부가 채찍을 휘두르면
가면은 하나, 둘, 눈을 뜨기 시작한다

허니문이 닫히고 만조와 일몰이 열리고 있단 증거야
파도는 현란한 춤사위로 홀린 사람들을
절벽 끝으로 데려갈지도 몰라

한 달에 두 번 보름달이 개기 월식과 맞물리면
우린 슈퍼 블루 블러드문이 떴다고 손뼉을 치며 좋아하지

19살 아가씨가 제일 멋져
제일 예뻐
하지만 우린 해골바가지

썩은 물이 고인 바가지를 들어 올리면
손가락 마디마디가 떨어져 나가지

바가지를 놓치고
바가지는 깨지고

달이 베어 먹던 빵을 이젠 지구가 맛보는 시간
뺏어 먹는 빵 맛은 어떨까

그 큰 빵을 누가 다 먹어 치울까

폭설은 내리고,
해골바가지가 다리를 후들후들,
뼛조각을 맞춰가며 춤을 추고
이빨을 달그락거리며 키스를 하다가
마침내 하얀 눈사람이 되고 말지

사모아 섬이 사라지고 있다는데……

해의 그림자가 드러누운 블러드문 안에서
축제는 끝나 가는데,

웬 문은 이리도 많은지,
잠시 후면 미니문이 열린다는데
이젠 어느 문으로 들어가 볼까

갈대와 억새의 차이

비슷하지만 출생은 다르죠
젖거나 마르거나
비단 발목만의 문제가 아니에요

산등성이나 뭍에 흩어져 유머나 위트, 그리고 에둘러 말하기를 좋아해요 손뼉을 치고 몸을 비틀며 웃는, 당신을 만나러 갑니다 들판에서 뜬구름처럼 흔들리며 이목을 사로잡는, 그 현란한 말솜씨에 눈이 휘둥그레져요

젖은 몸으로 문을 두드리죠 빗방울을 툭툭 털며 욕조 안에 알몸을 그려놓아요 때론 따뜻하고 감미롭게, 때론 포근하고 부드럽게, 혀와 혀를 맞대고 몸과 몸을 겹쳐 하나가 되려고 해요

억새가 갈대를 만나
장자의 나비가 되는 순간을 보았나요?

산등성이에서는 억새가 되고 물가에서는 갈대가 되면

높낮이는 단번에 사라져요

흔들리는 것들은 쉽게 용서가 되는가 봐요
허허벌판에서 만나 춤이라도 덩실 춰 봐요

거창한 이름 붙이지 않아도 호접몽에서
둥싯, 당신이 떠올라요

쿠키는 구름 맛

털층구름, 높쌘구름, 양떼구름……

이름만으론 알 수가 없어
겁 없이 구름 속을 뒤지곤 했지

잘 닦은 거울 속은
텅 빈 운동장
구름 한 점 없이 맑은 네 얼굴
도무지 떠오르지 않아서

운동장에 혼자 남은 아이는
구름을 꺼내 들고 싶어서
과자처럼 한 움큼씩 집어먹고 싶어서

빗속을 뛰어다닌 적 없는 아이는
쉽게 부서지는 크래커가 되고 말았지

소나비를 함께 맞지며 시내는

숨겨둔 구름 한 덩이를 꺼낸다

함께 있고 싶은 마음이 전부라서
소낙비 따윈 별것 아니었다

비가 우리의 유일한 전 재산

흐린 거울 속에서
시원하게 내리는 비는
막연한 불안감을 떨쳐내는데,

먹구름 잔뜩 낀 오후는
슬픔의 전조증상
우산을 들고 어디로 달려갈까 망설여야 했어

언제 올지 모를 당신을 기다리며
식탁 위에 천둥 · 번개와 벼락을 차린다

과자봉지 속
오르트 구름, 새털구름, 벌집구름……
구름이 몰려온다

아이 둘이 뛰어간다
아이 셋이 뛰어간다
와작,
과자가 부서진다

받아들이려고
기꺼이 받아들이려고
다홍치마를 펼쳐 구름을 받아드는데

우르르, 쾅쾅!
폭우가 쏟아진다

테이블야자

하마터면 테이블여자라고 부를 뻔 했어

햇빛 대신 물이라니,

물만 먹고 자란 네가 궁금해서
책상에만 앉아 있는 네가 궁금해서
오후엔 너를 보러 갈까 해

색소폰과 드럼처럼 궁합이 좋은
테이블과 야자

쑥이랑 냉이가 쑥쑥 자라고
청둥오리 떼 지어 물놀이 한창인데
봄볕에 병든 바람이 쾌차해지고 있어

선생님의 상기된 목소리에
꿈속을 빠져 나온 몇몇 아이들
봄날을 만끽하고 있으려나

꿈 밖을 견디는 일은 스스로 책상이 되는 일
각진 테이블을 견뎌야만
암전暗轉을 건널 수 있는 거야

책상에 엎드려 곤히 잠든 너를 상상해 봐

양팔 벌리고 햇빛 창창한 해변으로 떠나는 거야

테이블은 드럼이 되고
구름은 드러머가 되어
그루브 넘치는 경쾌한 음악을 연주할 때

색소폰과 드럼처럼 궁합이 좋은
테이블과 야자

어이, 거기 춤추는 나무 아래 아름다운 야자 씨
대체 누굴 기다리고 있나

테이블에 놓인 야자 주스 한 잔 시원하게 들이켜 봐

어어, 갑자기 비가 쏟아지네

캐릭터

당신이 우리를 굴렸습니까?
우리는 저절로 굴렀습니까?

온통 머리맡인 주위에서
잔잔히 흐르는 당신은
세상의 모든 유형

사그라들면 아무것도 남지 않을 것 같은데
사그라지지 않는 무언가 남아서 꿈틀거리고

이런 유형은 난생 처음이야
하양이 빨강으로 물들면 분홍인 줄 알았는데
온통 생뚱맞은 노랑이잖아

지붕 위엔 암탉 대신
장미가 꼬끼오 울고 있잖아

정원은 차라리 뻔하지 않은 당신의 미래

어떤 꽃을 피울지 몰라
올리브 까만 열매를 파먹으며
제 모습을 키우고 있는데,
색깔이 없어 투명한 나는 텅 빈 그릇

뭐든 다 담을 수 있는 장르가 되어
영도에서 해운대까지,
콩알을 굴려 커다란 공이 될 때까지

당신이 우리를 굴렸습니까?
우리가 저절로 굴렀습니까?

모자의 화풍

그네를 굴린다
사라지는 모자와 벌레 먹은 사과
저것은 눈, 코, 입이 삐뚤어진
당신의 얼굴

커지는 건 모자
베어 먹히는 건 얼굴

얼핏 보이는 풋사과가
가시 박힌 기억을 쫓아간다

나무와 나무 사이
사과에 갇힌 사과가 웃고 있다

도착하지 않는 얼굴은 없다
다만 과수원을 찾지 못할 뿐,

모자를 밟고 모자가 지나간다

뼈라고 불러도 좋을,
나무는 사과의 옷걸이

사과가 떨어진 자리에 모자를 걸어둔다
모자 위로 화살이 내리꽂힌다

뼈가 단단한 사과를 찾기 위해 그네를 탄다
데구루루,
발아래 모자가 구른다

가면이라 불러도 좋을,
모자는 나무의 근엄한 얼굴

데구루루,
사과가 언덕 아래로 굴러간다

대수롭지 않은 듯 웃는 모자는

가속도가 붙은 그네
진폭이 커질 때까지 사과를 쫓아간다

입이 옴팡한 노파처럼 쪼그라든 사과가
그리기 쉬운 구도로 놓여 있다

사라지면 그뿐일
저것은 정물,

사과는 자꾸 얼굴을 붉히는데
모자는 자꾸 얼굴을 가리는데

더 이상 모자가 아닌,
화풍은 사과에 묻은 핏자국

저기,
고개를 푹 숙인 채 골갱이만 남은 사과가 걸어온다

저것은 정물이 아니다

가시 박힌 화관을 쓴,
당신

유형, 유형들

다섯 가지 중에서 고르라고요?

가능성은 오류가 아닌 가정입니다. 열 가지 가능성이 다섯 방향으로 제한됩니다.
오류형 인간을 양성하는 오지선다형,

다섯 가지 중에서 고르라고요?

검정 사인펜이 길을 나설 때, 맨 먼저 마주친 당신에게

① 검정색은 동행자가 필요한가요?
② 젓가락도 없는 당신은 무엇이 식기인지 알고 있나요?
③ 저기 허리 꼿꼿한 소나무는 누구의 자식인가요?
④ 상점들이 거느린 입은 몇 개인가요?
⑤ 혼밥 중인 사람은 하루 몇 번의 저녁을 맞이하나요?

눈앞에는 아이돌, 누구나 다 아는 뉴스
뻔한, 뻔뻔한

교실 문을 닫고
시험지 밖 세상을 꺼내 보면
꿈결인 듯 잡히지 않는 먹장구름 속

손으로 더듬어서 묻습니다
당신 성씨는요?

① 김
② 이
③ 박
④ 최
⑤ 정

문틈에 끼인 인간이 비로소 당신입니까?

알비노를 위한 변명

재개발 바람이 휩쓸고 지나간 폐역, 비둘기는 더 이상 신발을 벗지 않아도 된다 무료 급식소가 파하면 역 광장은 그들의 왕성한 활동무대가 된다.

함부로 앉을 수도 올려다볼 수도 없는, 지붕 위는 왕좌. 서열에 따라 좌석이 정해지고 지위에 맞는 행동반경이 결정된다. 내려다보면 엉덩이가 삐딱한 의자나 웃자란 잡초의 처지가 한눈에 들어온다.

광장은 사소한 눈빛이라도 예민하다. 삶이 위태로울수록 몸을 낮추는 노숙의 유전자는 구석진 곳이 제자리다.

유달리 마른 흰 비둘기는 표적이 되기에 충분하다. 늘 한 발 뒤처진 행보는 본능일까 생존 전략일까 거침없이 넘나드는 파도의 구간을 건너야 살아남는다.

흰 비둘기에 반한 바위 비둘기,
가족이 된 그들은 짝 잃은 까마귀와 한편이 된다.

역병은 샌드위치 사이에 끼인 치즈처럼 광장으로 스며든다. 유목은 초원에서도 지치지 않는 생활 방식. 낯선 침입자일수록 눈치껏 살아간다. 터전을 개척하는 동안 얽힌 감정의 골은 깊어진다. 복병처럼 숨은 종의 기원은 흑역사를 만들며 진화한다. 우리는 이것을 비둘기 이후와 까마귀 이전이라고 말한다.

저기, 겨울나무 빈 가지에 못 박힌 검정 비닐이 순교자처럼 피를 흘린다. 흰 비둘기가 안간힘을 쓰며 버티고 있다.

두꺼운 책

겉표지만으로 너를 안다는 건
나의 오만

각주는 피그미족과 동의어라 건너뛰고
목차와 본문만 대충 훑어본다

나는 너를 제대로 이해하려는 걸까

불행은 전염될까 봐 차마
펼쳐보지 못한 페이지

내가 쓴 가면만큼 알 수 없는 네 마음은
대체 어떻게 변해가고 있는 걸까

처음엔 한 문장도 놓치지 않고
밑줄까지 쳐 가며 읽었는데,
길목에서 걸어오는 모습만 봐도
귓불이 빨개지도록 설레었는데,

더 이상 두근거리지 않는 지점에서
너를 놓아버린다

우리 사이 가로놓인 강의 폭은
가끔 속독이라도 해야 좁아질 텐데,
갑자기 불어난 장맛비에 강기슭까지 잠겨버린다

귀를 접어둔 페이지를 펼치면
슬픔의 진원지에서 떠돌던 구름이 잡풀처럼 무성하다

언제 쏟아질지 모를 너에게
온기를 잃어버린 손을 불쑥 집어넣는다

네가 이토록 두꺼운 책이었다니,

비인지 눈인지 모를
축축한 문장이 뺨을 적시는 동안

귀퉁이 닳은 너덜너덜한 책 한 권
손에 꼬옥 쥐어져 있다

오토바이보다 더 높이 날아오른 전사

신께 기도했어.
꿈에 그리던 베아트리체를 만나게 해 달라고,
하루 한 시간만이라도 밀어를 나누게 해 달라고,

늦다고 타박하던 25층 아주머니께도,
리뷰에 확 올리고 말겠다는 25세 청년에게도,
고개를 수그려야 했어
화를 참으며 그럴듯한 평계를 들이댔어.
철의 심장에도 조금씩 금이 가기 시작했어.
쥐어짜는 통증에 숨을 고르는 날이 많아졌어.

오토바이는 화살이 되어 날았어.
배달의 후예답게 이른 새벽부터 다음 날 새벽까지
목표지점에 정확히 꽂혔어.
책상 위에는 주문 전표가 탑처럼 쌓여갔어

배달이 폭주하는 어느날
오토바이는 트럭과 정면으로 마주쳤어.

헬멧은 오토바이보다 더 높이 날아올랐어
빨리, 점점 더 빠르게……

공중으로 떠오른 단 1초,
베아트리체는 연기처럼 사라져 버렸어.

빨간 불로 깜박 뒤바뀌기 전
quick, quick, 키이익……

25시 편의점 앞 간선 도로가 붉게 물들었어.
시커먼 구름이 저승사자처럼 달려들었어.

하루는 25시간,
소원이 클수록 악몽은 현실이 되고 마는 거야

베아트리체가 떨리는 손을 내밀었어.
느리게, 점점 더 느리게……

그때부터였을 거야
습관처럼 집어 들던 물품 대신
경험담을 배송하기로 한 것이,

그때부터였을 거야.
무심코 구르던 바퀴가 뒤돌아보게 된 것이

quick, quick, quick,
하루가 휙 휙 지나가는 게 보이기 시작했어

제3부
반성적 자아

유리병에 빠진 꿀벌

젊은 날은
해 뜨기 전부터 걱정이 많았네
꿀을 따러 꽃밭을 헤맬 때
향기란 그저 해내야 할 일
한낱 산더미같이 쌓인 일에 불과했네
밤, 유채, 아카시아, 잡화, 때죽나무꿀……
꿀이란 꿀은 다 맛보고 싶어
눈을 뜨고 잠을 자야 했네
가진 꿀은 나누어 가졌지만
정작 꿀의 마음은 헤아리지 못했네
그래, 너는 원래 꿀벌이니까
꿀을 모으는 게 당연하지
그런 너 때문에 나는 늘 외로웠어
이런 눈빛으로 쳐다보는 너를 대수롭지 않게 여기며
쉴 새 없이 꿀을 따 모았어
그러나 꿀 속에 갇혀 사는
바보스러운 내 모습을 알게 된 순간
병은 미끄럽고

병은 유리로 된 거대한 벽
단맛은 헤어 나오기 힘든 감옥
빠져나오는 유일한 방법은
조커를 집어 드는 일
매주 행운을 사 모았네
그러나 벼락 맞을 운명은
꿀물 떨어지는
생지옥에 갇혀 끝없이 추락하는 일
사탕처럼 흘러내리는 계단을 빨고 있었네
오를 수 없는 계단을,

뼈의 재구성

물고 빨고 훑고 뜯는,

소꼬리뼈
닭다리뼈
돼지목뼈
오리 발바닥뼈
하다못해 생선 가시까지,

모두 뼈의 힘으로 살았다

조이고 풀고 덧댄
뼈다귀로 종은 완성되고

정강이뼈 부러진 곳을 접합하여
첫발을 뗀 순간이 있었기에
돌보다 먼저 석상이 된 순간이 있었기에
손톱으로 생살을 후벼파도
아프지 않았다

그렇다면 나의 뼈는 유용한가
내 뼈에서 쓰임을 다한 꼬리뼈
뼈와 꼬리 사이에도
우선순위는 있는 걸까
도발하듯 질문이 질문을 밀어낸다

온 힘을 다하다
제풀에 지친 살갗은 내 뼈가 떠올린 난파선

난바다를 표류하던 뼈는
남은 임무를 잘 마무리할 수 있을까

뼈를 맞추고 각을 잡는다
뼈다귀에 붙은 근육을 꽉 잡아당긴다

투명기법

보이는 것과 보이지 않는 것 사이에서 새가 난다. 유리는 허공에 그물을 던져 놓는다. 새는 그물에 걸린 물고기. 부레를 움직일 수 없다. 유리에 박혀 지느러미를 잘리고만, 새가 아가미를 벌름거리며 죽어간다. 낯빛 하나 변하지 않고 유리는 새를 받아든다. 자꾸 새어 나오는 흐느낌은 이차원 삽화에서 흘러내리는 독백. 유리와 새의 거리만큼 먼 입장이 새와 유리에 갇힌 심장을 관통한다. 투명의 깊이를 가늠하지 못한 새가 버둥거릴 때 유리는 거미처럼 입을 오물거린다. 송곳니에 물린 숨통에서 피가 솟구친다. 보이는 것만 믿은 습성은 눈앞을 흐리게 만든다. 내가 쓴 탈은 내 크기에 알맞은 관, 돌변하는 늑대의 탈을 숨기고 수시로 양의 탈로 바꿔 쓴다. 너를 뭉갰을 땐 몰랐던 내 마음이 뭉개지고야 비로소 당연은 잘못으로 수정된다. 먹물을 흠뻑 적신 붓으로 늑대의 하울링을 틀어막는다. 양의 탈 아래로 흘러내리는 늑대를 지운다. "벌거벗은 임금님! 아직도 거기 계신가요?" 보이는 것과 보이지 않는 것 사이 양의 얼굴을 한 늑대가 관 속에 고요히 누워 있다. 창틀에 가득 낀 먹물이 눈물로 번지고 있다

수상한 웃음

초고층빌딩 전광판이 키득거린다
덧니가 보일락 말락
수시로 얼굴 바꿔가며
눈과 귀를 교란시키며

한껏 달궈진 보름달을 뒤집으면
잘 익었을까 덜 익었을까
아니면 새까맣게 타 버렸을까

뒤집기 전의 얼굴은
다리미로 다린 듯 반반한데
배후가 궁금한 저 웃음,

표정 속에 잠기면
처음엔 눈
다음은 마음
마지막엔 무엇을 빼앗길까

여러 번 베어 먹힌 나는
당신이 내민 사과를 의심한다

움켜쥐는 데만 혈안이 된 사과는
딴전 피우는 것을 싫어하므로
나는 피가 나도록 얼굴을 문지른다

사과는 반쯤 올라간 입꼬리를 놓치지 않는다

무심코 한입 베어 무는 순간
뒤통수를 훅 치고 들어온 맛

잠금장치를 풀면
맛에는 어떤 꼼수가 숨어 있을까

귀신의 곡소리 같은 웃음을
한 귀로 듣고 한 귀로 흘리는 두 귀는 유용하다

헛웃음은 멍든 줄 모르는 사과
먹구름 사이로 웃음이 박은,
수많은 못이 박힌 과육은
껍질 속에 숨긴 모노드라마

베일에 가린 웃음의 경계면에 선다
아기의 배냇짓이 미치도록 그리운 날,
떨어져 나간 벽보가 담장 밑을 뒹굴고 있다

찢어진 우산

폭우 속에서 새가 날아간다
여덟 개의 뼈로 받친 날개는 방사형

빨강, 노랑, 파랑 날개를 창 대신 방패 삼아
허공을 향해 부리를 들이민다

화살촉의 기세는 꽉 다문 검은 부리 끝
비의 수천 병사가 쓰러진다

폭우 속의 비행이란
펼친 날개로 눈을 가리고 몸을 감싸는 것

그러므로 새가 되는 일은
온 힘을 다해 심지 쪽으로 웅크리는 일이다

뒤집혀보면 알 수 있다
양산이거나 우산이거나
펼쳐지는 순간 말문이 닫히는 까닭을,

더 높이, 더 멀리 나는 새일수록
궁수의 따뜻한 눈빛에 함부로 기대지 않는다

간혹 현금지급기 위를 비행하는 새는
방향을 잃고 비틀거리기도 하지만
접히는 것을 결코 두려워하지 않는다

부리를 묻을 해변이 멀지 않다는 것을 알기에,
깃털이 빠지고 관절이 삐걱거리는 나는
더 이상 날 수 없는 새

기대 서 있어도 다리만은 꼿꼿한,
젖은 새의 부리에서 빗방울이 후드득 떨어진다

식빵과 스티로폼 사이

누가 저 아이에게서 식빵을 뺏어갔는가?

도시에는 담장을 넘지 못한 아프리카가 난다

식어버린 식빵은 딱딱한 아프리카
스티로폼이 날아도 아프리카
아프리카는 늘 배가 고프다

전봇대 위에서
학교 담벼락 밑에서
풍향계 옆에서
팽팽 돌아가는 바람보다 구슬피 우는,
아프리카

어젯밤에는 발정 난 고양이가 아이처럼 울어댔는데

까치보다 큰 목소리로
비둘기보다 처량한 목소리로

울면서 공중을 날다가 급브레이크를 밟는다

식빵 닮은 스티로폼을 꽉 쥐고 전선 위에 앉는다

검정 마스크가 날아와 아프리카인 척해도 모르는 척
이 바닥에서 잘난 척은 아닌 걸 눈치챈 척
배고픈 아이의 대역인 척

도시에는 까치보다 더 반가운 까마귀가 깍깍
비둘기보다 더 인도적인 까마귀가 구구
참새보다 더 시끄러운 까마귀가 쨱쨱

아프리카를 찾으며
아프리카를 외치며
아프니까 아프리카

바쁜 아이들 대신 아파 주고 울어 주고
그러니까 배가 고픈,

아이와 까마귀 중 누가 잘 우나?
냄새를 맡고 쏜살같이 달려오는,
아프리카의 비애

식빵 대신 맛있는 스티로폼을 물고 아프리카가 난다

블랙

모든 색을 버려야 너는 태어나지
어둠을 휘감고
잊어버리는 것도 하나의 방식

해내야만 한다는 강박은 끄고
눈을 버릴 때 소소한 평화는 찾아오지

바퀴를 굴리면 스멀스멀 기어 나오는 벌레들
네 안에서 겨울이 부화하고 있어

진정한 색채는
아무것도 걸치지 않은 알몸

실루엣은 변주를 좋아하지
모래시계 속에서도
모래 알갱이는 꿈틀거리는 거야

결정적인 순간에 벙그는

너만의 방식은 각별해

얼버무린다고 그냥 봄이 되는 건 아니야
제 안의 색깔을 다 토해 내야
마침내 꽃은 꽃으로 피는 거야

딸랑딸랑딸랑……
종소리가 들려

질 때 지더라도 흐드러지게 피고야 마는
꽃의 처음은 씨앗이라는 명확한 감정

언제 나타날지 모를 봄을 입안에 머금고
물고기처럼 오물거리는 거야

잠으로 버무린 깊은 수면 아래
엉킨 실타래를 풀고 나오는 거야

준비! 땅!
네 안에서 색깔이 우글거리고 있어

주크박스

하얀 상자 속에 빨간 장화 신은 비둘기를 집어넣었어. 사람을 너무 믿은 게 탈이라면 탈이야. 빙하는 빙하시대*처럼 녹아 마을을 덮쳤어. 배고픈 북극곰, 덩치 큰 북극곰, 텅 빈 위장은 무엇으로 채울까? 유빙을 타고 떠도는 마을을 깊숙이 집어넣었어.

총구는 곰의 심장을 향했어. 물을 뿜던 고래가 놀라 물속으로 달아났어. 지느러미 잘린 상어가 상자를 핏빛으로 물들였어. 상자는 온통 빨간,

샥스핀 요리사는 손을 휘저어 지느러미를 건져냈어.
빨간 장화 신은 지느러미,
마스크 줄에 휘감긴 지느러미.

식탁은 다리를 낳았고 요리사는 냉큼 지느러미를 썰었어. 노래책을 펼쳐 애창곡을 뒤졌어. 코인을 넣고 번호를 눌렀어.

수프는 뜨거워!

지느러미는 슬픈 멜로디.
하지만 상어는 상자 위를 떠다니고,

샥스핀 진한 국물 속에 녹아든 상어의 신음.
식탁 밑은 금세 어두워졌어.

바닥으로 내리꽂히는 빛줄기의 마지막 구토. 비둘기 깃털을 건져냈어. 난파선 갑판 위에서 먼바다를 바라봤어. 지느러미 없는 상어가 둥둥 떠다녔어. 흰긴수염고래의 나직하고 구슬픈 곡소리가 들려왔어. 상자 밖으로 얼어붙은 랩소디가 줄줄 새어나왔어. 궁수자리 별들이 블랙홀로 빨려 들어갔어.

* 아이스크림 이름.

크레용, 크레용

얘야,
설탕을 녹이는 방법부터
시럽을 사용하는 방법까지 다 들어 있단다

지침서를 치켜든 아빠의 오른팔에는
긴 채찍 문신이 그려져 있다

그런데 아빠,
채찍을 피하는 방법이나
문신을 지우는 방법은 어디에도 없어요
엄마는 어디로 사라졌나요

얘야,
채찍 손잡이엔 네 엄마가
아름다운 무늬로 꿈틀대고 있단다
너도 굵고 긴 채찍 자국을 가져볼래
엄마처럼 두 얼굴,
동전의 양면을 가지려면 고통이 따르는 법이란다

장미 넝쿨에 친친 감긴 침대는
더 이상 보기도 싫어요
휘두른 채찍에 꽃은 피기도 전에 시들고 말아요
꽃들은 어디로 사라지나요

저는 아직 가시가 돋지 않는 장미인가 봐요
새 크레용으로
부러지지 않는 가시를 그려 넣을래요

그런데 아빠,
먹구름 낀 하늘, 여긴 대체 어딘가요

참새가 되어버린 크레용

잠에서 깨어나면
벽마다 색색으로 울어대는,
크레용, 크레용

카스트라토*

훔쳐서라도 갖고 싶었다
누구도 흉내 낼 수 없는 음색을

조율 안 된 악기는 벗어던지고
끝없는 가시밭길을 걸어야 했다

진정한 악기가 되기 위해
수천 번 모래성을 쌓고 모래를 허물며
각혈처럼 모래를 토해낸다

조급증은 감동이 없는 기교를 남발하곤 하지
영혼이 없는 노래는 노래가 아니야

트라우마는
실패한 무대 위에 남은 상처
모든 싸움의 끝은 나를 뛰어넘느냐 마느냐의 문제

내 안에서 꿈틀대는 미성을 불러낸다

다리를 가지기 위해 목소리를 버린 인어처럼
전부를 걸어야 할 때가 있다

천상에 올라탄 옥타브가 되기 위해
영혼을 바친 나는 카스트라토

여자도 남자도 내 것도 아닌 얼굴이
깨진 거울에 갇혀 울먹이고 있다

* 거세한 남성 가수.

맨발의 오월이

오월이 푸르다는 건 낭설이에요
언덕을 넘어 광장으로 몰려갈 때 우연히 보았어요
그의 맨발을, 지치고 남루한 뒤편을,
얼굴만 본 사람들은 늘 푸르다고 말하죠
수많은 죽음을 넘어 얼마나 먼 길을 걸어왔는지,
알려고 하지 않아요
물집 잡힌 발가락과 갈라진 뒤꿈치를,
기울어진 어깨와 피 묻은 손을,
필사적으로 덤벼드는 향기로 숲이 우거지고
목젖 아래 무거운 울음을 삼켜야 했어요
숲 그늘에선 덜 여문 열매의 비명이 자라지만
그래서 오월은 더욱 평온하지만,
언젠가는 들불처럼 번져가겠죠
온몸이 가려워요
잇몸으로 깨물어도 뇌관이 폭발하는 계절의,
푸르디푸른 핏속에 숨긴 무수한 빛깔들
시리도록 푸른 하늘도 맨발의 숙명으로 서 있다면,
녹두의 피 채 마르기 전에 함께 언덕으로 올라가요

흩어진 신음들이 숨은,
폭포처럼 흩어졌다 다시 모이는 물처럼
그저 아무 일 없다는 듯 고요한,
저기 풀덤불 속에서 불쑥불쑥 자라는,

길 위의 장례식

 바람이 책장을 넘기자 목차가 적나라하게 드러났다 덜렁거리던 낱장은 건너편 차선으로 넘겨 버렸다 펼쳐진 표지의 문양은 차마 읽을 수 없었다 바퀴에 닿는 순간 납작 눌린 페이지에서 선혈이 솟구쳤다 흉곽 속에 넣어둔 세계는 찰나에 뭉개지고 한 줌에 불과한 일대기는 어떤 반전도 없이 한순간에 사라졌다 차들은 최소한의 배려도 없이 도로를 질주했다

 저 한 권의 파본, 어쩌다 책은 10차선 대로에 불시착하게 되었을까 차창 밖으로 몇몇 눈들이 지켜볼 뿐, 운구차는 끝끝내 오지 않았다 바람이 상주가 되어 서둘러 책장을 덮는 것으로 장례는 조용히 진행되었다 만장은 깃털을 날리는 방식으로 처리되었다 별도 주문 없이 잿빛 깃털로 서명한 새의 후생은 입관이나 발인 따위는 생략한 채 그저 책 한 권 파손된 것으로 요약되었다 길거리 도서관에 소장된 책들은 목격자의 증언도 없이 가끔 대로를 물들였다 차들은 전속력으로 달아나고 있었다 도로 위에 눈이 박인 새 한 마리 오들오들 떨고 있었다 종이비행기에 접힌 유언장이 소리 없이 날고 있었다

제4부
꿈꾸는 자의 몸부림

세잔

그의 몸 밖으로 걸어 나온 사과가 석양을 등지고 앉는다

뒤편은 고뇌에 찬 사람의 짙은 그림자가 일렁이고
이마 윗부분에는 윤기가 자르르 흘러넘친다

이런 믿음직스러운 사과를 다 보겠다며
나는 한 쪽 눈을 감고 멀리서 사과의 모습을 응시한다

나를 믿지 못하는 캔버스의 표정은
사과를 던져버리고 싶은 충동을 키운다

(그림자라도 갖게 된 것을 감사할 줄 알아야지)

팔레트에는 씨앗도 향기도 없는 사과즙이
물감처럼 쥐어짜이고

꿈은 이미 입체적인 사과가 되고
평면에 그려진 내 사과는 자꾸 울먹이고

(포기라는 말은 함부로 하는 게 아니야)

세잔은 새 잔에 사과를 담으라고 자꾸 우기는데
새 잔에서라면 얼마든지 다시 태어날 수 있다며
사과는 주먹을 불끈 쥐는데,

내 손아귀에 잡혀버린 사과는
울긋불긋한 표정을 감추지 못하는데
나는 사과를 껍질째 베어먹는다

사과의 질감이 입속 가득 고인다

세잔이 맛보았다던 영양소가 몸속에 골고루 퍼진다
석양이 사과의 영감을 조감하고 있다

복선

 그 집에는 조금 일찍 일어나는 여자와 조금 늦게 일어나는 여자가 살고 있다 일찍 일어나는 여자는 일이 터지기 전에 단서를 남기는 버릇이 있다 그런 사실을 알아채거나, 못 알아채는 사람도 있지만 그것을 고질병이라 부르며,

 우리는 행복하거나 불행한 각자의 세계에 살고 있는데, 선지자처럼 세상일에 사사건건 참견하는 여자는 대개 늦게 일어나는 여자이다

 함부로 몸속을 들락거리는 예지몽이 싫지만, 행간에 설정해 둔 비밀장치는 일찍 일어나는 여자를 해동시켜야만 열린다 두 여자는 비타민처럼 상큼한 재미와 스릴과 긴장감 넘치는 줄거리에 빠져 마주치면 숨긴 꼬리를 자르고 꼬리를 들추며 손뼉을 치며 논다

 뿌리면 반드시 거둬들여야만 직성이 풀리는 여자 둘은 상황을 즐기는 관음증 환자, 일어나자마자 창밖을 내다보는 오래된 습관이 있다 창밖 풍경에 무슨 변화라도 생긴 날이

면 입술을 빨갛게 칠하고 한 여자가 현관문 밖으로 튀어나오기도 전에 머리를 산발한 또 한 여자는 눈곱을 떼지 않은 채 미친 망아지처럼 골목을 뛰어다닌다

폭설이 몰려오는 날이면 호랑가시나무 뒤편 풀숲에 하이힐 한 짝을 슬쩍 던져 놓지만, 아무도 밟지 않은 눈 위에 찍힌 발자국 무늬는 누구의 것인지 확인하는 여자는 매번 다른 얼굴이다

다음 시리즈에 불꽃을 터뜨리기로 기획된 쿠키 영상이 궁금증의 방향으로 걸어간다

두 여자가 흑백 가면을 뒤집어쓴 대낮부터 배가 살살 아프다 꼬일 대로 꼬인 골목을 호스처럼 끌어안고 흑백 가면이 담장 위로 불쑥 고개를 내민다

불면역

　간이역에서 잠을 깼다 화장실이 자꾸 손을 잡아당겼다 책도 라디오도 냉장고의 신음만큼 닿지 않는 거리에서 귀뚜라미 한 마리 없는 풀밭이 나를 다 덮을 때까지,

　이불을 당겨 덮었다 역에 당도하기도 전에 덜 아문 갱년기가 홍반과 가슴 두근거림을 동반한 레일을 엿가락처럼 끌어당겼다

　문득 먼 곳으로 떠난 사람들이 말줄임표처럼 지나갔다 사람 사이 거리를 재느라 다음 역으로 잠시 미룬 말들이 자꾸 떠올랐다 목소리는 왜 당겨도 이불처럼 덮어지지 않을까

　태아처럼 구부리던 어둠이 벌떡 일어날 때마다 놓친 열차표를 꺼내 보는 버릇이 생겼다 사랑에 목을 매던 젊은 날이 시시해질 때 떠오르는 사내에게 공갈 젖꼭지를 물리고 돌아누웠다 커튼을 열어젖힌 저 눈치 없는 열차 속에서 읽다 만 책을 펼쳐 들었다

터널을 지나 비몽사몽 도착한 역은 억새가 키 높이만큼 훌쩍 자라 있고 젖은 풀을 헤치고 역 광장으로 나간 고요가 흩날리는 먼지만큼 눈부셨다

젊은 아버지가 걱정스러운 얼굴로 나를 지켜보고 냉장고 옆 귀뚜라미가 훌쩍이고 있었다 꼬리 잘린 도마뱀이 개체수를 불렸다 파르스름한 빛 너머 종착역이 다가오고 있었다

렌즈 속으로

*

앵글 속에서 밥을 먹고 잠을 잤다 현상액 냄새가 뒤섞인 다락방, 흑백필름에 맺힌 상이 말을 걸어왔다 줄기 밖으로 뻗어 나온 이야기가 암실을 뛰쳐나왔다 인화지에서 부푼 세상이 나를 향해 플래시를 터뜨렸다 넘어져 다리를 다친 날에도, 그 다음날에도, 절룩거리며 계단을 올랐다 흑백에서 컬러로 건너오는 동안 꽃샘추위가 불량배처럼 들러붙었다 벽을 뚫고 들이닥친 겨울은 끝내 봄을 보여주지 않았다

*

열쇠 구멍에서 한 줄기 빛이 새어나온다
안개 자욱한 정글을 더듬으면
엄지손가락을 치켜세운 아버지가 서 있다
다락방에서 덩치를 부풀린 나의 레몬옐로우가
아버지의 수만 가지 색깔로 출렁인다

영남루 대청마루와
대숲에서 불어오던 그때의 바람

하얀 나비, 나비 떼……

마침내 어둠상자를 뚫고 나온 나는
카메라의 시야에서 점점 멀어진다

*

빛을 찾아서 조리개를 맞춘다
밀어낼수록 가까워지는 렌즈 속으로,
오랜 방황 끝에 원추리꽃에 앉은 나비를 향해
연거푸 셔터를 누른다

당신의 선택권

여자는 전시실의 일부였다. 제1관은 작은 눈물방울, 기억이라는 얼룩이 부화해서 꽃송이가 되었다. 꽃대 위에서 영근 꽃송이는 신비로웠다. 제2관은 언어발달사를 중심으로 무언극이 펼쳐졌다. 첫울음이 옹알이로, 자기중심적 언어는 젓가락으로 총으로 인형의 친구로 역할 마임이 펼쳐졌다.

제3관, 제4관은 소녀기와 청년기를 거치는 시기별 여자가, 제5관을 거쳐 부위별 여자가 전시되었다. 가장 쓸모없는 부위는 잔머리, 가장 활발한 부위는 저장장소가 불확실한 감당하기 벅찬 마음이었다. 미용실을 나서는 순간 김리사가 되고 침실에서 김세라, 직장에선 김샘이 되었다. 수업이 많아질수록 꾀꼬리는 침팬지로 변해가고 허리가 두루뭉술, 엉덩이가 펑퍼짐해 가려야 할 부위별 의상이 더욱 정교해졌다.

제6관은 선택하고 대가를 지불하는 게임 방식. 우정을 선택하면 사랑이 울고, 부모를 선택하면 형제를 등져야 했다. 남편은 우선순위를 원했지만 언제나 넘쳐나는 일 다음 순위

였다. 엄마보다는 가장을 선택하고 집을 넓히는 등 몰입도 높은 선택과 집중을 하다 보면 다음, 다음이 눈앞에 도래했다.

마지막 관에 다다르자 안내 방송이 흘러나왔다. "여기까지 오신 것을 환영합니다. 당신의 모든 선택권은 소멸하였습니다. 다시는 문밖으로 나갈 수 없습니다. 함구하고 자기 귀를 책망하시길 바랍니다. 행복은 마음먹기 나름. 돌발행동이나 간섭 따위는 인생을 망치는 지름길. 주변과의 조화는 최상의 밑그림입니다. 돌이나 식물이 되어보는 건 어떨까요? 이 관은 가상 체험 시뮬레이션으로 준비되어 있습니다"

가품이던 여자가 진품으로 인정받는 날을 기대하며 미래형 모델이 전시된 요양원을 휠체어를 타고 두루 관람했다.

이글루에는 정육각형 눈의 결정이 자라고

여기서 기거하기로 하네
당분간 이글루

두 개의 기후를 끌어안고 사는
몸 밖의 내가 몸속의 나에게 말을 거네

사막과 빙하를 걸어온 나는
하나이면서 둘
둘이면서 하나

이토록 작은 돔에서도 살아지는 게 신기하네

나는 나와 많은 이야기를 나누네
할 일에 대해
한 일에 대해

뼛속을 파고드는 추위는
풀릴 수 있는 한기여서

간단히 이글루

이글루 속에 나를 가두면
내 안의 봄을 꺼내고
여름을 꺼내고

무성해진 풀을 베거나
축축하게 젖은 별을 사탕처럼 녹여 먹기도 하네
가끔은 순록이 끄는 마차를 타고 눈밭을 달리고

그런 날이면
이누이트족처럼 그린란드 해안의 외딴섬에서
깃발을 꽂아놓고 산타를 기다리네

어깨가 무거워지던 내가 눈의 결정이 되어 반짝이면
마침내 흉터마저 마른 자국으로만 남게 되네

밤의 능선에는

두툼한 장갑을 낀 길 위의 사람들이
하늘을 올려다보네

별을 보는 사람들의 눈동자 속에는
눈의 결정이 반짝이고 있네

순정한 세계는
아무것도 걸치지 않을 때 찾아온다는 걸
바람은 차가울수록
표정이 따뜻한 손을 흔들고 있단 걸

마침내 이글루
여기서 묵기로 하네

폭설은 아직 멈추지 않는데
설원을 지키는 별똥별이 되어

덜 아픈 사람

아픈 사람을 문병하러 병원에 간다.
더 아픈 사람보다 덜 아픈 사람이
숟가락을, 물통을 아픈 사람처럼 끌어안고 간다.

일회용 장갑과 화장지를 안고 간다.
쉽게 뿌리치던 손을 더 이상 뿌리치지 않는다.
간이침대 손잡이가 되어 갖은 투정 다 받아주고
더 들어줄 것은 없나, 후회할 만한 일은 없나 생각해 본다.

"당신은 진짜 아픈 사람이 맞습니까?"

다리를 다친 사람은 아픈 사람이 아니라고 말한다.
의사는 아픈 게 지긋지긋하다는 눈빛을 주고받는다.

아파서, 아프니까, 아프므로,
롤러코스터는 레일 위를 오르내린다.
순식간에 떨어지는 아픔도 아픔이므로,

어디가 아픈지 모르는 사람이 덜 아픈 사람을 문병 간다.
집이 멀기만 한 더 아픈 사람은
덜 아픈 사람을 잘 모른다.

의사는 찌르고, 꼬집고, 밀고, 당긴다.

먼저 태어난 당신이 아프다.
길을 걷다 마주친 멸종위기 아이가 아프다.
아픔은 지상에서 허공에 그릴 수 있는 가장
슬프고도 아름다운 음표.

그림자처럼 따라다니는 아픔이 없었다면
당신은 그저 맨발의 유령.
찬밥 한 덩이조차 필요 없을 때 사람은 흔적도 없이 사라
진다.

슬픔에 젖은 속눈썹 때문에 눈을 뜰 수가 없다.
더 아픈 사람은 덜 아픈 사람의 슬픔을 잘 모른다.

그러므로 젖은 눈썹을 말리는 네 옆의 사람은
너보다 더 아픈 사람이다.

생이 건네준 기이한 선물,
아픔을 커다란 보자기로 묶어 집으로 간다

날마다 집으로 돌아가는 사람은 아직 더 많이 아파야 한다

"롤러코스터는 슬프고도 아름다운 음표였어!"

슬픔의 무게

목소리 톤 말입니다만,
슬픔이 반드시 무거워야 하는 건 아닌데,

소리 반, 공기 반,
비율을 따지지 않아도
무너져 내리는 건 여전히 가슴입니다

진도가 빠른 통증에
허벅지가 저려오네요
당신을 빠져나왔을 땐 이미 무대 밖의 일
피 토할 것 같은 절정을 몇 번이나 느껴야 하는,

동굴처럼 깊은 이런 목소리,
태생적인 건가요?

건물 밖으로 뛰쳐나온 겁에 질린 아이처럼
폭격의 정수리에 서면,

우기라는 것을 알게 되었어요

우산도 없이 백지 위를 헤매고 다녔어요

비틀거리며 정신없이 걷다 주저앉아 토악질해 대며,

암호처럼 내리는 비를 해독하면

비로소 가야 할 곳을 알게 되었어요

더 이상 멈출 수 없는 후렴구

절뚝거리며 걸어가는 뒷모습은 강수량이 300mm

그 표정을 그리는 일이 우기가 짙어진 슬픔

젖은 목소리에서 발현된

아픔을 나누기 위해 길거리가 필요해요

당분간 우기는 우리를 이끌 가장 서늘한 무기가 될 거예요

무관심으로는 절대 이해할 수 없는,

느리지만 한 발짝씩 나아가며 맞설 거예요

젖은 정수리를 무릎 위에서 끌어안고,

내일을 연주해 주세요

로드리고,
발밑이 녹기 시작하면
우린 어디로 떠나야 할까요

옹알이처럼 부푸는 풍선을 불다가
계절을 놓쳐버렸어요

공중을 선회하는 봄은 어디 있나요
연어 떼를 따라 강을 거슬러 올라가 볼까요

로드리고,
후박나무 이파리에 투명한 유리알이 맺히는데
풍선을 찾는 음악이 자꾸 들려와요

내일은 또 무엇을 터뜨려야 할까요

스스로 부풀리기를 좋아하는 것들은
깡그리 잊어버려야 해요
딜리트 키를 누르면 진정한 여유를 찾을 수 있을까요

기타가 벼랑을 두드릴 때면
음악이 폭죽처럼
아니, 팝콘처럼 쏟아지고

어제라는 골짜기는 줄을 타고 내려가는 거미
아니, 당신이라는 이름의 계곡

로드리고,
지난 계절이 메아리처럼 들려오나요

풍선이 터지는 오늘 대신
가장 가까운 미래의 코드를 짚어주세요

해가 뜨고 있는데,
거미가 줄을 타고 올라갑니다

지금은 어떤 계절입니까

사랑에 대한 예의

끊임없이 움직인다
한 곳만을 바라보지 않는 것이
네가 가진 장점이자 단점

너무 부풀었거나
너무 시들었거나

기대는 순간 살얼음은 깨지고 만다
그래서 침묵은 늘 부재중인 걸까

눈빛은 거짓말을 못 하지만
해석은 제각각

서운함을 간직한 눈빛을 외면할 때
이것도 사랑이기나 한 건지

하지만 의문 속에서도
우리는 여전히 피어야 한다

앙상한 가지로
다만, 견디다 보면 알게 될 것이다
뿌리까지는 죽지 않는
그루터기를 만나게 된다는 것을,

혼자 두둑한 시간을 건너
각자의 나무에서 연둣빛 새순이 돋을 때

향기는
너를 향한 끝없는 허기였음을,

마침내
광기를 거둔 순하디순한 눈으로
만나게 될 것이다

교교히 흘러가는 것이 최선이라고 믿고 싶은
담담한 표정으로
조용히,

한 사람이 온다

폭설이 쏟아진다
당신의 풍경 속으로 한 사람이 온다

풍경에 갇히는 건 나를 내 안에 들이는 일
울타리를 가지는 일이다
안주하고 싶은 욕망이 폭설을 견딘다
밤의 연못에 수장된 한여름처럼

추위에 떨며
신호등처럼 깜박이는 사람
물 위를 걸으며 녹고 얼기를 반복하던 심장이
다시 뛰기를 기다린다

발꿈치부터 사라지는 사람
자기 그림자를 갉아 먹는 사람
잃어버린 별이라고 착각하며 검은 돌을 줍는
한 사람이 온다

얼음 위에 비친 별이 처음 그 별이 아니듯
거울에 비친 돌이 차갑게 식는 동안
울타리 밖으로 조금씩 새고 있는 눈사람처럼

견고할수록 쉽게 녹아내린다

가시에 찔려도 울타리는 울타리

사람의 눈이 빛난다
슬픔이 쏟아져 내린 연못

검정 돌이 다시 별이 되어 깜박일 때
풍경은 유니콘이 된다
마침내 당신,

자작나무숲

까마귀가 허공의 목덜미를 움켜쥐었다. 피 한 방울 튀지 않게 잠자는 여우의 털을 제 목에 감은 까마귀는 사실 남몰래 훔친 눈물. 나무를 쉼 없이 쪼아대는 딱따구리는 패러디이거나 변주. 모자를 뒤집어쓴 딱따구리를 나무 아래 심고 물을 주었다. ***꼭꼭 숨어라 머리카락 보일라.*** 무성한 숲이 될 때까지 해와 달이 무덤과 허공 사이를 번갈아 들락거렸다. ***아직 살아 있을까?*** 오전의 까마귀는 불어 터진 표정을 퇴고 했고, 오후의 까마귀는 고함을 지르며 돌발행동을 해댔다. 블랙박스는 겉모습만으로 진실을 오독했고, 동정심에 눈먼 내부자는 모르는 척 시치미를 뗐다. 불티가 자작자작 하얀 속살을 태워도 나무의 시큰둥한 표정 외 세세한 부분은 묘사할 수 없었다. 보라가 빨강이 될 수 없듯 웃음을 파낸다고 단숨에 설국이 될 수는 없었다. 맨발로 들어선 숲에는 개미 한 마리 보이지 않고 무덤을 파헤쳐도 여우 발자국 하나 찍혀 있지 않았다. 숲은 검은 피를 게워 냈고 나무들은 청색증에 걸린 아이처럼 질려갔다. 그치지 않고 눈이 내리고 있었다. 나는 아무도 밟지 않은 눈 위에 까마귀 발자국을 찍으며 더 깊은 숲속으로 들어갔다. 눈이 발자국을 따라가며 딱따구리를 지웠다. 새하얀 숲속, 까마귀의 깃털 속에서 보라가 입을 오물거리고 있었다.

우는 사람

이긴 사람이 먼저 운다. 진 사람에게 이긴 사람의 눈물은 강력한 펀치 한 방. 우는 얼굴을 보는 순간 울 수 없는 설움이 목구멍까지 차오른다. 가라앉은 기분이 창문을 하나씩 닫는다. 한낮을 가리고 방안에 웅크리고 앉는다. *취향의 문제일 뿐, 패배는 아니야.* 복잡해진 생각을 하나씩 열어젖힌다. 커튼 자락이 고개를 휘젓는다. 눈을 감는다. *지샌 밤이 한낱 거푸집일 리 없잖아.* 햇볕이 눈을 부라린다. 가능성을 부풀리자 찌푸렸던 하늘이 갑자기 맑아진다. *영원한 패자란 없어.* 진 사람의 입장에서 커튼 자락이 휘날린다. 눈앞을 가로막은 벽이 차례차례 사라진다. 고삐 풀린 바람이 코를 간지럽힌다. 이긴 사람은 맘 편히 웃는다. 더 이상 승자도 패자도 없는 방안에서 진 사람이 맘 놓고 운다. 누가 뭐래도 운다.

엔딩 크레딧

건축물을 세우는 일은
뼈가 강물을 거슬러 오르는 일이다
연어처럼
고향을 향하여 가슴을 오므렸다 펴며

안녕, 안녕,

물살을 되짚어가며
처절하게 혹은 장렬하게
강의 방향으로 가문비나무가 쓰러지고
알래스카 숲속에 도착하려면 얼마나 걸릴까

쓰러진 나무에게는 쿠키 영상이 필요하다
잘 구워낸 건축물의 앞쪽 혹은 뒤쪽
웃기거나 맛있거나

혀끝에서 입천장으로 목구멍을 거슬러 올라간다

100층 옥상은 배출구일까 흡입구일까
궁금증은 프롤로그일까 에필로그일까

잔류한 유머의 크기를 가늠해 본다

봉지 속에는 죽은 물고기가 수천 마리
예고편을 빠져나온 쿠키를 깨물면
쿠키도 물고기도 목구멍에 덜컥 걸리고 만다

뼈로 집을 짓는 일은
암전 뒤에 숨은 비린내를 맡는 일이다

다음 편을 기대하시라
개봉박두

김사리의 시세계

충돌은 어떻게 시가 되는가

최은묵

(시인)

　살다 보면 마른 물 자국 짙은 칼을 바라볼 때처럼 무언가로부터 마음을 베이는 순간이 있다. 벽시계 초침 소리만이 세상 움직임의 전부라고 느낄 만큼 모든 것이 멈춰버린 몽환 같은, 함부로 발을 들였다가는 헤어나지 못할 것만 같은, 어느 깊이에 빠져버리면 물줄기가 시작되는 곳에 닿을 것만 같은 경험은 흔하지 않다. 말라 자국이 되기까지 물과 칼이 함께 벼린 시간을 거꾸로 더듬는 일은 유추와 상상의 영역이겠지만, 김사리 시집 『유형, 유형들』은 시간이 남긴 자국을 침묵으로 읽어도 비장함으로 읽어도 상관없다. 불안과 결핍을 부여잡으려는 지독한 몸짓으로 가득한 그의 시집이 "보이는 것과 보이지 않는 것 사이에서"(「투명기법」) 발생하는 파동으로 채워진 까닭이다. 그러니 물의 흔적을 따라갈 누군가나, 또 칼의 차가움에 기댈 누군가나 모두 김사리의 시를 마주하는 방식으로 넉넉하다.

  이런 독법은 얼음이 물로 변하는 0℃(녹는점)와 물이 얼어버리는 0℃(어는점)처럼 하나의 지점이지만 방향에 따라 다르게 보이는 것과 비슷한데, 녹는점과 어는점이 동일한 지점에 상상과 현실을 버무린 목소리를 뿌려놓는다는 점이 시집 『유형, 유형들』의 특징이기도 하다. 삶의 여러 갈등에 접근하는 방식을 다양하게 제시하고 있는 시편들을 마주하며 상상에 무게를 두고 살필 것인지 아니면 현실에 집중할 것인지는 선택의 영역일 뿐이다. 다만 여기서 놓치지 말아야 할 것은 김사리 시인이 보여주려는 세계의 층층이 어떤 방향성을 지니는지 현상 너머의 이미지가 향하는 곳을 주시할 필요가 있다는 점이다.

  우린 부딪힌 적이 많습니다

  이마에 혹이 나도록
  몸에 멍이 들도록
  피부가 패도록

문제 될 줄 알았다면
부딪히진 않았겠죠

서로에게 투명 인간이 된 우리가
좋아질 확률은 희박합니다

상처는 상처일 뿐이라지만
충돌 대신 외면을 선택합니다

비겁하다 수군대도 어쩔 수 없네요
―「중동이라 쓰고 충돌이라 읽는 충동 가능성」 부분

  사물과 시인이 충돌할 때 일부는 흡수되고 일부는 변형되고 일부는 파괴된다. 능동적 충돌이거나 수동적 충돌이거나 상관없이 이때 발생하는 파동의 정도가 시인의 세계를 형성하는 범위가 된다. 누군가는 넓게 누군가는 깊게, 혹은 평면적이거나 입체적이거나 그들은 각기 고유한 세계를 지닌 채 끊임없이 뒤틀리면서 새로운 사유를 만들어낸다.
  그렇다면 "이마에 혹이 나도록/ 몸에 멍이 들도록/ 피부가 패도록" 세상과 맞닥뜨리는 일은 분명 김사리 시인이 지금 가고 있는 시의 방향 중 하나임이 분명하다.
  시인이 부딪쳐야 할 세계는 한정이 아니라 확장이어야 한다. 충돌로 인해 발생하는 갈등이 시인의 몸을 거쳐 재해석되는 모든 과정은 고유한 가치이다. 그러므로 "문제 될 줄 알았다면/ 부딪히진 않았"다는 말이나, "충돌 대신 외면을 선택"한다는 말은 외적 현상에 따른 내적 갈등을 진술한 것일 뿐 결코 회피의 의미가 아닌 셈이다.

 김사리의 시편이 결핍의 세계를 더듬어 온기를 얹으려는 몸짓을 유지하는 이유도 "문제", "외면", "비겁"처럼 충돌로부터 비켜서려는 마음과 그것들을 깨트리려는 마음이 공존하는 까닭에서 기인한다. 이 시 마지막 문장 "틀을 깨면 새로운 틀이 나오고,"는 시인 앞에 펼쳐진 갈등의 주체를 한정하지 않고 지속적으로 확장하고 있다는 사실을 확인시켜 준다. 한쪽에 치우치지 않고 양쪽의 갈등을 모두 느끼고 품으려는 실천적 자세를 바탕으로 이제 그가 말한 '틀'이란 무엇인지, 어떻게 깨트리는지, "보이는 것과 보이지 않는 것 사이에서"(「투명기법」) 몸으로 세상과 충돌하는 시인의 사유가 무엇인지 더듬어 살펴볼 필요가 있다.

 걸려들면 꼼짝없이 멈춰서야 하지요 거미 상가, 거미매장, 거미 좌판, 거미의 입장에선 유쾌한 거리겠지만, 시장 바닥은 바닥을 잘게 쪼개면서 이해해야 합니다 시장 골목은 보이지 않는 실금들, 오늘을 준비하는 아침은 각각 18파운드씩 도려낸 살을 갈고리에 걸어 공중을 흔듭니다 순결한 피가 고인 허

공, 핏방울을 탐닉하는 취향, 시장의 모든 알람은 은진 세 닢
의 욕망이 들어 있습니다 시장 골목에 불빛 하나가 던져지면
날벌레들은 목숨 걸고 달라붙습니다 버둥거리듯 걷는 거미 씨
발바닥에는 발자국이 없고, 벌레를 쫓던 상인의 손바닥에는
지문이 없습니다 맨발로 지갑 속을 걷는 사람들의 중세가 거
미줄에 걸려 버둥거립니다 거미 씨의 얼굴을 차례차례 그려
나가면 언젠간 공중에 매달릴 한 얼굴이 떠오릅니다 눈에 보
이지 않는 거울을 닦고 또 닦는, 시장 좁은 골목에서 먹이를
노리는 거미 씨를 만납니다 생계는 전염되는 질병, 저 거미줄
을 비켜갈까 말까 생각 중입니다

—「거미 씨의 생존법」 전문

김사리 시인은 자아와 타자를 가리지 않고 눈길을 둔다. 사
물에 빗댄 숱한 질문들은 마치 "거미줄"을 거쳐 바라보는 저쪽
처럼 끈적이는 화두로 작동한다. 때로는 "거미"의 눈으로, 때
로는 "거미줄에 걸려 버둥거리"는 사람들의 몸으로 세상을 읽
기까지 김사리가 걸었던 시의 자취는 "시장"처럼 삶의 근원적
공간을 배경으로 두었음이 분명하다. "걸려들면 꼼짝없이 멈
춰서야 하"는 시인의 숙명을 이미 받아들였다는 듯 김사리가
바라보는 곳에는 "발자국이 없"는 거미와 "지문이 없"는 사람
들의 흔들림이 가득하다. 시가 아니었다면 스치고 지나쳤을
파동을 시인이기에 외면할 수 없는 지경에서 누군가는 거미처

럼 살고 누군가는 날벌레처럼 살아야 하는 세상을 몸으로 흡수하여 녹여낸 사유는 단연코 평탄한 과정에서 얻은 것은 아닐 것이다.

"거미줄을 비켜갈까 말까 생각 중"이지만 결코 비켜갈 수 없다는 걸 이미 알고 있는 자가 시인이다. 시인으로서 김사리가 온몸으로 충돌하려는 세계는 거미와 날벌레가 거미줄에서 동시에 버둥거리는 모습에 빗대고 있다. 그러니 "언젠간 공중에 매달릴 한 얼굴"과 마주치게 될 날을 위해 스스로 거미줄이 되는 일 또한 기꺼이 받아들이고 있다는 사실을 재차 상기하고자 한다.

거미줄을 통해 건너를 바라보는 일이란 사물의 내면에 가닿으려는 구체적 몸짓이다. 이것은 마치 '구멍'을 오래 들여다보는 일과 흡사하다. 즉 "언젠가 공중에 매달릴 한 얼굴"은 "열쇠 구멍 모양으로 웅크리고 앉아"(「긴 호흡」) 있는 누군가를 주시하는 과정과 닮아 있다. 그 '누군가'는 누구일까? 특정할 수 없는 사람들 속에는 '당신'도 있고 '나'도 있을 것이다. 그들의 '구멍'을 들여다보듯이 시집 『유형, 유형들』을 들여다보면 0℃ 언저리에서 시인이 만들어놓은 '구멍'에 빠져버릴지도 모를 일이다.

구멍 속을 들여다본다
열쇠 구멍은 들여다보기 좋은 구조

모든 비밀은 구멍 밖으로 새어 나온다네

　구멍은 진실일까 거짓일까

　　　　　　　　　　　　　─「긴 호흡」부분

　"구멍"은 뚫어지거나 파낸 자리로, 원형으로부터의 '변형'을 의미한다. '흡수'와 '파괴'의 간극에서 형성된 갈등은 흔들리거나 비틀어지거나 좁아지거나 깊어짐으로써 원래의 이미지를 흐트러뜨린다. 그러므로 시인이 사유하고자 하는 구멍의 실체는 불확실성에 더 근접하며, "구멍은 진실일까 거짓일까" 스스로 물음을 던지는 행위는 타당하다.

　구멍은 통로이기도 하고 결핍이기도 하여 현상에 따라 긍정적이거나 부정적으로 나뉘어 살펴볼 수 있다. "구멍 속으로 숨을 불어넣"는 일은 긍정적인 이미지이고, "구멍이 먹먹해진 사람"은 부정적인 이미지이다. 이처럼 시 한 편에 양면의 이미지를 동시에 담고 있는 것이 김사리 시가 지닌 특징 중 하나이다. 세상의 구멍에서 텅텅 울리는 발걸음 소리를 듣기 위해 귀를 기울이고, "무릎을 꿇고 구멍 속을 들여다보"는 동안 주변에서 마주쳤던 서사들이 시인의 심장을 통해 "덜컹거리는 기차를 타고/ 너의 꽃잎을 지나가고/ 사랑이 별처럼 커졌다가 사그라들고/ 기차는 시끄러운 소리를 내며" 지나갔을 것이다.

　그러므로 "구멍"을 현상이 아니라 상징으로 읽는 일은 불가

피하다. 어떤 구멍은 시간의 흐름을 따라 점점 사라지는 자리이기도 하고, 어떤 구멍은 비밀처럼 은밀한 장소이기도 하다. 시인의 말대로 "구멍을 빠져나오는 것이 한평생이라 한다면" 구멍은 갈등의 연속이자 생과 사의 통로이다. 구멍 안을 들여다보면 그 안에는 셀 수 없이 많은 작은 구멍들이 존재한다. 이 시집을 시공간과 상관없이 세상의 구멍과 마주친 기록이라 정의한다면, "온몸이 구멍"이 되어 투명해진 사람들의 소리를 받아쓰려는 것이 김사리 시인이 추구하는 구체적 언어라고 보아도 상관없다.

"보이는 것만 믿는 습성은 눈앞을 흐리게 만든다"(「투명기법」) 투명한 것은 보이지 않지만 결코 없는 것이 아니다. 시는 보이지 않지만 존재하는 '그것'을 사유하는 일일 것이다. 방식은 다르겠지만 보이지 않는 그것에게 마음을 얹고 온기를 나누고 그들이 뿜어내는 파동에 함께 출렁이는 일부터 시 세계가 시작된다는 건 자명한 사실이다.

그렇다면 김사리 시인이 추구하는 시 세계는 어디로 향하고 있을까?

오아시스를 만날 수만 있다면
사막이 숲으로 변할 수만 있다면
휴일은 사라져도 괜찮겠다

물동이를 짊어지고 향토길을 걷는다
금 간 주말을 접착제로 붙여가며
온몸이 젖어야 사는 사람처럼 쉬지 않고 걷는다

평일, 평일, 평일이 겹쳐서
평생 휴일이 부러운 나는 젖은 신문지
팔을 걷어붙이고 물동이마다 비를 받아 모은다

물의 기분을 알지 못하는 저녁은
펼쳐진 적 없는 우산
새장 속 새를 닮은,

—「아프리카의 휴일」 부분

「아프리카의 휴일」은 김사리 시인이 타자를 통해 사유하고자 하는 구체적 방향을 제시한다. "향토길"은 비포장의 황톳길로 아프리카 대륙을 떠올릴 때 빼놓을 수 없는 이미지다. 그 길을 따라 6kg 정도의 "물동이"를 이고 지고 걷는 모습은 아프리카 지역에서 일상적으로 볼 수 있는 장면이다. 살기 위해, 죽지 않기 위해 여성과 어린이가 맡아야 하는 노동에는 휴일이 없고, 육체적 생존 너머 이데아는 막연한 꿈일 뿐이다.

이 시는 "평일"과 "휴일"을 노동의 방식으로 나누지 않는다. "비"가 내리지 않는 날은 언제나 평일이고, 비가 내리는 날에만 노동을 멈출 수 있다. 휴일이 특정되지 않은 삶에서 "물동이"는 단순한 용기容器가 아니라 생존이다. "물동이"는 원초적 굴레에서 벗어나지 못한 삶을 상징적으로 보여주는 기표이다. 김사리 시인이 말하려는 건 "새장 속 새를 닮은" 그들의 서사가 아니라 "온몸이 젖어야 사는 사람처럼" 살지 않았으면 하는 바람일 것이다. 그러므로 "휴일"은 달력에 표시된 어느 날이 아니라 "깔때기로 걸러낸 요일을" 마시지 않아도 되는 내적 자유를 의미한다.

버티고 견디는 삶은 지난하다. 주변에는 아프리카 사람들처럼 하루치의 물을 나르며 살아가는 사람들이 많다. 김사리 시인은 "발이 부르트도록/ 황토물을 길어온 아이"의 목마름을 "날개가 뜯겨나간 새가/ 버스 승강장에서 멀어지는 장면"에 오버랩시킨다. 날지 못하는 새에게 휴일은 허락되지 않는다. 비를 받아 모아도 목마름은 줄지 않고, "평일, 평일, 평일이 겹쳐"도 휴일로 이어지지 않는 맨발의 황톳길에서 시의 역할은 무엇일까?

먼저 태어난 당신이 아프다.
길을 걷다 마주친 멸종위기 아이가 아프다.
아픔은 지상에서 허공에 그릴 수 있는 가장
슬프고도 아름다운 음표.

그림자처럼 따라다니는 아픔이 없었다면

당신은 그저 맨발의 유령.

…(중략)…

생이 건네준 기이한 선물,

아픔을 커다란 보자기로 묶어 집으로 간다

날마다 집으로 돌아가는 사람은 아직 더 많이 아파야 한다
—「덜 아픈 사람」 부분

    시집 『유형, 유형들』은 "한쪽 귀를 수면 아래 바짝 붙이고/ 바다를 듣"듯이 세상의 통증과 호흡을 같이 한다. 그것은 마치 사람이 사람으로 살아야 하는 이유를 얻기 위해 기꺼이 황톳길을 걷겠다는 시인의 의지이기도 하다. 「덜 아픈 사람」은 김사리 시인이 시적 대상을 대하는 자세를 명징하게 보여준다. "아픔"을 보여주는 것에 그치지 않고 "아픔"을 공유하는 과정에서 그는 자타가 어떻게 유기적으로 결합하는지 증명한다.

    타자와 자아는 언뜻 분리된 이미지로 여길 수 있지만, 시인에게 타자는 자아를 발현시키는 대상으로 작동한다. "아픈 사람을 문병하러 병원에" 가는 행위는 자타가 분리된 과정이지만, 김사리에게 주목해야 할 요소는 병원에 있는 사람을 "덜

아픈 사람"으로, 문병 가는 사람을 "더 아픈 사람"으로 바꾸어 놓았다는 부분이다. 한 사람은 육체가 아프고, 한 사람은 마음이 아프다. 육체와 마음을 두고 아픔의 정도를 비교할 수는 없겠지만, 시인이 말하고자 하는 본질은 '더'와 '덜'의 차이가 아니라 육肉의 통증을 심心으로 받아들이는 순간부터 아픔은 개인의 것이 아니라 우리의 것이 된다는 사실이다.

병원이나 아프리카처럼 표면에 제시된 공간은 시적 배경일 뿐이다. 물리적 시공간은 시적 사유가 가닿는 데 아무런 제약이 없다. 김사리의 시편에는 지치고 쓰러진 세상의 흔적이 현재형 화두로 작동하는데, 현재형은 시인과 시적 대상의 거리를 좁히는 유용한 선택이다. 그렇다면 김사리의 시에는 왜 유독 현재형이 많을까? 아마도 그것은 과거를 왜곡하거나 미래를 섣부르게 예단하지 않고 현실에서 맞부딪치는 삶의 질문에 마음을 두려는 까닭이 아닐까?

어쩌면 시를 쓰는 여정은 "오래 보고도 여전히 너를 읽지 못하는" 반복일지도 모른다. 그럼에도 김사리 시인은 "속에만 넣어둔 따뜻한 말 한마디"를 읽기 위해 오래 멈춰 바라보기를 주저하지 않는다.

"뿌리가 썩은 사랑은 쉽게 복원되지 않는다/ 피를 흘리면 고운 진흙이 될 수 있을까/ 하지만 끝나지 않는 마지막 연극/ 열리지 않는 문 앞에 다시 선다/ 뱅갈고무나무가 죽어간다"(「뱅갈고무나무 죽이기」)에서도 마찬가지로 뱅갈고무나무에 빗대

현재를 질문한다. 죽음을 앞두고 서로 마주하는 지금 더 아픈 이는 누구이고 덜 아픈 이는 누구일까? 김사리의 현재가 이토록 아픈 이유는 충돌을 외면하지 않고 온몸으로 사물의 언어를 받아들였기 때문은 아니었을까.

    입이 옴팡한 노파처럼 쪼그라든 사과가
    그리기 쉬운 구도로 놓여 있다

    사라지면 그뿐일
    저것은 정물,

    사과는 자꾸 얼굴을 붉히는데
    모자는 자꾸 얼굴을 가리는데

    더 이상 모자가 아닌,
    화풍은 사과에 묻은 핏자국

    저기,
    고개를 푹 숙인 채 골갱이만 남은 사과가 걸어온다

    저것은 정물이 아니다

가시 박힌 화관을 쓴,

당신

―「모자의 화풍」 부분

　김사리는 시를 기다리지 않고 찾아 나선다. 그와 충돌하는 모든 세상은 시로 바뀐다. 시장에서도, 아프리카에서도, 병원에서도, 복도에서도, 보고 만지는 것들 모두가 그에겐 시적 대상이다. 어떻게 묻고 무엇을 듣느냐는 시인 각자의 몫이겠지만, 김사리가 묻고 듣는 방식은 대상과의 간격을 좁히고 좁혀 일체가 되는 방식이다.

　「모자의 화풍」에서 사과와 나무와 모자는 별개이면서도 그네를 중심으로 관계를 형성한다. "사과가 떨어진 자리에 모자를 걸어"두는 장면이 현실적이라면, "사과에 갇힌 사과가 웃고 있"는 장면이나 "모자를 밟고 모자가 지나"가는 모습은 추상이다. 눈으로 잡아내는 이미지와 마음으로 잡아내는 이미지가 혼재하는 까닭은 무엇일까? 나무에 매달려 있어야 할 풋사과가 바닥을 구르는 것은 갈등의 시작이다. 하지만 사과가 떨어진 자리에 모자를 걸어두는 것이 갈등의 해결책은 될 수 없다. 이러한 사유는 「중동이라 쓰고 충돌이라 읽는 충동 가능성」에서도 얼마간 나타나는데, "여름이 성장해서/ 이파리로 죄다 덮어버리는" 외면의 방식을 제안한다. 그럼에도 시인이 언덕 아래로 굴러가는 사과나, 발아래를 구르는 모자에게 시선을 떼지 않는 이유는 무엇일까? "사과"를 삶의 근원적 비유로 두고, "모자"를 형식과 굴레라고 치환하면 '외면'으로 잠시나마 삶의 갈등을 가릴 수는 있더라도 결국 언젠가는 갈등의 실체와 맞닥뜨려야 한다는 점을 부각시키려는 의도일 것이다.

쪼그라들어 "골갱이"만 남았지만 사과는 아직 죽지 않은 생물이다. 그러므로 사과에서 치환된 "당신" 또한 정물로 정의해서는 안 된다. 모자로 가려도 여전히 상처인 자리는 외면의 대상이 아니라 공통의 영역이다. 김사리 시인이 "쪼그라든 사과"를 보면서 집요하게 삶의 경계를 더듬는 이유도 그쯤의 공간에 웅크리고 있던 내적 갈등이 증폭된 까닭이다.

'사과와 모자'처럼 어울리지 않는 관계는 시집 여러 곳에서 만날 수 있는데, '토끼와 바나나', '쿠키와 구름', '테이블과 야자' 그리고 "암탉 대신/ 장미가 꼬끼오 울고"(「캐릭터」) 있는 지붕처럼 다양한 사물과 사물이 충돌하고 변형되어 김사리 시인만의 세계를 쌓고 있다. 이런 변주를 단편적 상상으로 보는 것은 평범하다. 단순한 흥미나 낯섦 때문에 이런 방식을 취한 것은 아닐 것이다. 그렇다면 김사리는 왜, 무엇 때문에, 이러한 목소리를 표출하는 것일까?

취향은 다를 수 있으니 염려하지는 마!

고깔모자는 모던하다

홍옥은 발칙하고

칼질한 부츠는 이목을 끈다

접시 위에다 부츠라니

걱정까지 올려놓는 건 좀 심하지 않나

조미료를 치지 않은,

늘 주요리가 문제다

얼마나 더 숙성시켜야 제맛이 날까

칼질한 너덜너덜해진 재료로

백지를 온전히 채울 수 있을까

빛과 어둠을 버무린 깊은 맛을 내려면

쥐구멍이라도 들락거려야 한다

젊게, 낯설게

흥미에 진정성까지 가미된 비법은

팔을 뻗어 좀 더 비틀어야 한다

―「요리의 품격」 부분

「갈대와 억새의 차이」를 보면 시인은 "비슷하지만 출생"이 다른 식물을 통해 흥미로운 갈등을 제시한다. "산등성이에서는 억새가 되고 물가에서는 갈대가 되면/ 높낮이는 단번에 사라져요"라는 진술은 현실 직시와 더불어 다양성을 함유한다. 높낮이로 차별받는 세상이 아니라 개성이 어우러지는 세상은 김사리의 시가 추구하는 방향에 위치한다고 봐도 좋다. "억새가 갈대를 만나/ 장자의 나비가 되는 순간"이란 현실을 관조하고 돌아보며 삶의 무상함을 느끼기 때문이기도 하겠지만, 다른 한편으로는 시적 대상이 지닌 고유한 성질을 존중함으로써 화합의 무대를 펼치고 싶다는 시적 욕망으로 살펴도 무방하다.

이렇게 볼 때 「요리의 품격」은 시인으로서의 김사리가 향하려는 곳을 가리키고 있음이 분명하다. 시인이 자신의 시 세계를 "어떤 접시에 담아야 할까" 고민하는 일은 시인 자신을 위해서도 독자를 위해서도 지극히 당연하다. 하지만 그것보다 더 필요한 건 시 자체를 위해서 가장 어울리는 접시를 찾는 일이다. "모두의 입맛에 맞"는 시는 없다. 시인은 각기 자신의 방향을 지니고 있고, 또 그곳으로 걸어가는 동안에도 수없이 접시를 바꾸기도 한다. 그러니 "버터를 바르다 말고 참기름을 끼"내어도, "낙지도 오징어도 문어도 아닌 무언가"를 접시 위에 올려놓아도 상관없다.

그래서 "취향은 다를 수 있으니 염려하지는 마!"라는 목소리는 당당하다. 시인이라면 "*얼마나 더 숙성시켜야 제맛이 날까 / 칼질한 너덜너덜해진 재료로/ 백지를 온전히 채울 수 있을까*" 고민하는 과정을 멈추지 않아야 한다. "빛과 어둠을 버무린 깊은 맛을" 내기 위해 요리를 하고 접시를 바꾸는 동안 시는 스스로 새로운 맛을 만들어낼 것이다.

  김사리는 지금 "바람의 혀를 잘라 오르골에 감아두는"(「오늘의 화법」) 일에 몰두하고 있다. 그리고 마침내 오르골에 감긴 바람의 혀가 소리를 낼 때쯤이면 그가 부딪친 모든 것과 동화되어 "보이는 것과 보이지 않는 것 사이에서"(「투명기법」) 더 큰 세상과 충돌할 것이다. 그러므로 지금은 시인으로서의 김사리와 시인이 아닌 김사리의 충돌이 어떻게 흡수되고 변형되고 파괴되는지 살펴보는 것도 이 시집을 읽는 하나의 의미가 된다.

      여기서 기거하기로 하네
      당분간 이글루

      두 개의 기후를 끌어안고 사는
      몸 밖의 내가 몸속의 나에게 말을 거네

      사막과 빙하를 걸어온 나는
      하나이면서 둘

둘이면서 하나

이토록 작은 돔에서도 살아지는 게 신기하네

나는 나와 많은 이야기를 나누네
할 일에 대해
한 일에 대해
　—「이글루에는 정육각형 눈의 결정이 자라고」 부분

"보이는 것과 보이지 않는 것 사이"(「투명기법」)는 "사막과 빙하"나 "한 일"과 "할 일" 사이와 다르지 않다. "한 일"은 과거이고 "할 일"은 미래이다. 그러니까 사막과 빙하, 과거와 미래처럼 상반되는 사이에서 김사리는 스스로 자아와 타자가 되어 이야기를 나눈다.

김사리가 이번 시집에서 타자를 통해 자아를 발현시키려 한 까닭도 사물의 언어를 몸으로 표출하기 위함이었을 것이다. 그러므로 "두 개의 기후를 끌어안고 사는" 삶이란 '사물과 나', '나와 나', '세상과 나'라는 관계에서 파생된 것이며, 오래 응축된 내면의 소리를 시집에 옮겼다고 봄이 타당하다.

지금도 김사리의 목소리는 0℃에서 얼고 녹기를 반복하고 있을 것이다. 하나의 지점에서 두 개의 방향을 지닌 그의 시집을 어떻게 읽을지는 독자의 몫이다. 누군가는 어느점을 향할 것이고 누군가는 녹는점을 향하겠지만, 그것은 모두 옳다. 시집에 담긴 시인의 목소리는 "하나이면서 둘"이고 "둘이면서 하나"인 몸 밖의 김사리가 몸속의 김사리에게 말을 거는 과정이기 때문이다.

마지막으로 당신만 모르는 한 가지 비밀을 말하자면, 시집을 읽다 보면 어느 순간 "젖어 펼칠 수 없는 당신"(「바다미술관」) 앞에 불쑥 시인이 나타날지도 모르겠다. 그때 시인과의 충돌을 두려워하거나 망설이지 말아야 한다. 비가 내리는 날이라면 더욱 그래야 한다. 쉿!

| 김사리 |

경남 밀양에서 출생했다. 2014년 「헐거운 햇빛의 내력」 외 4편을 발표하면서 『시와사상』으로 작품활동을 시작했다. 시집으로 『파이데이』가 있다.

이메일 : full-leaf@hanmail.net

현대시 기획선 146
유형, 유형들

초판 인쇄 · 2025년 11월 25일
초판 발행 · 2025년 11월 30일
지은이 · 김사리
펴낸이 · 이선희
펴낸곳 · 한국문연
서울 서대문구 증가로29길 12-27, 101호
출판등록 1988년 3월 3일 제3-188호
편집실 | 서울 서대문구 증가로31길 39, 202호
대표전화 302-2717 | 팩스 · 6442-6053
디지털 현대시 www.koreapoem.co.kr
이메일 koreapoem@hanmail.net

ⓒ 김사리 2025
ISBN 978-89-6104-411-0 03810

값 13,000원

* 이 시집은 2025년 부산광역시, 부산문화재단 지역문화예술지원사업의 지원으로 제작되었습니다.

* 잘못된 책은 바꾸어 드립니다.